명당은 있다

현장감정예

사단법인 한국자연지리협회 회장 노 영 준 저

경덕
www.bookKD.com

패철 大 · 12선도

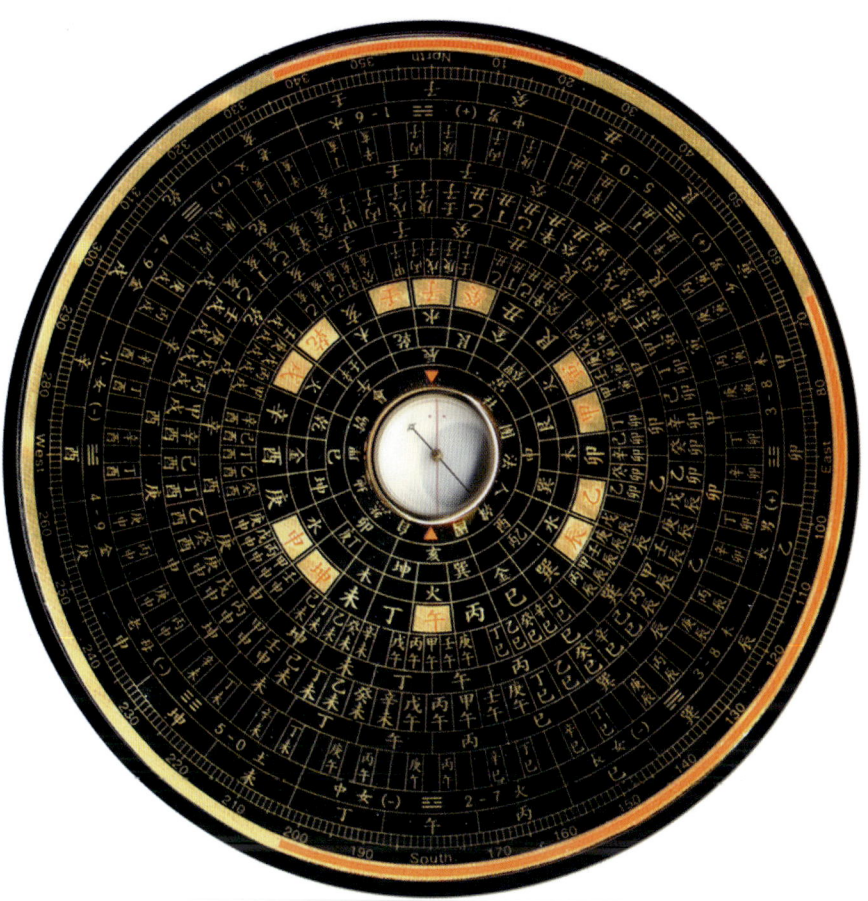

■■■ 패철(佩鐵) ■

전 세계적으로 사용되고 있는 본 패철은 사단법인 한국자연지리협회에서 제작한 것으로 국내에서는 최고의 기술로 제작된 패철임. 정교한 바늘을 사용하여 흔들리지 않고 방향을 정확하게 가리키는 것이 특징이다.

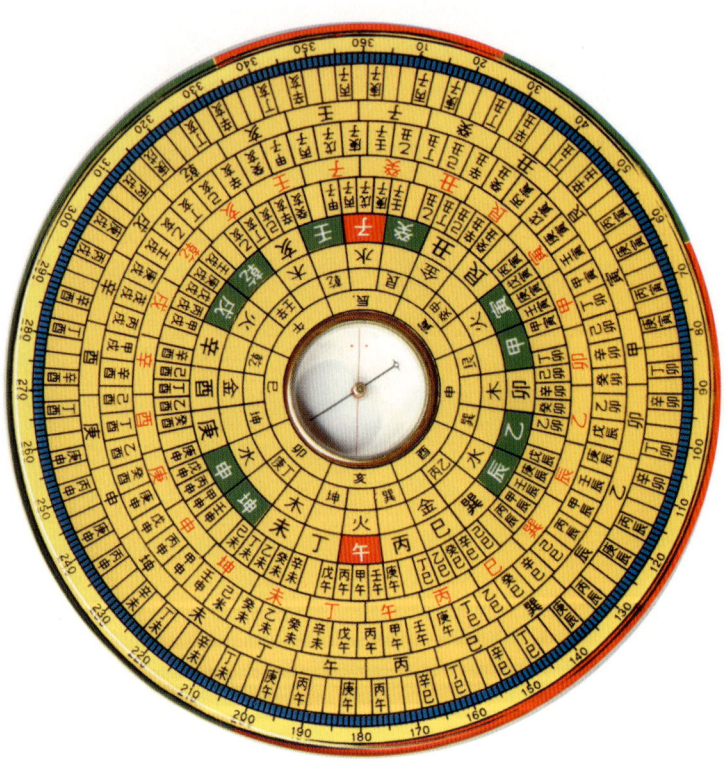

패철 小·6선도

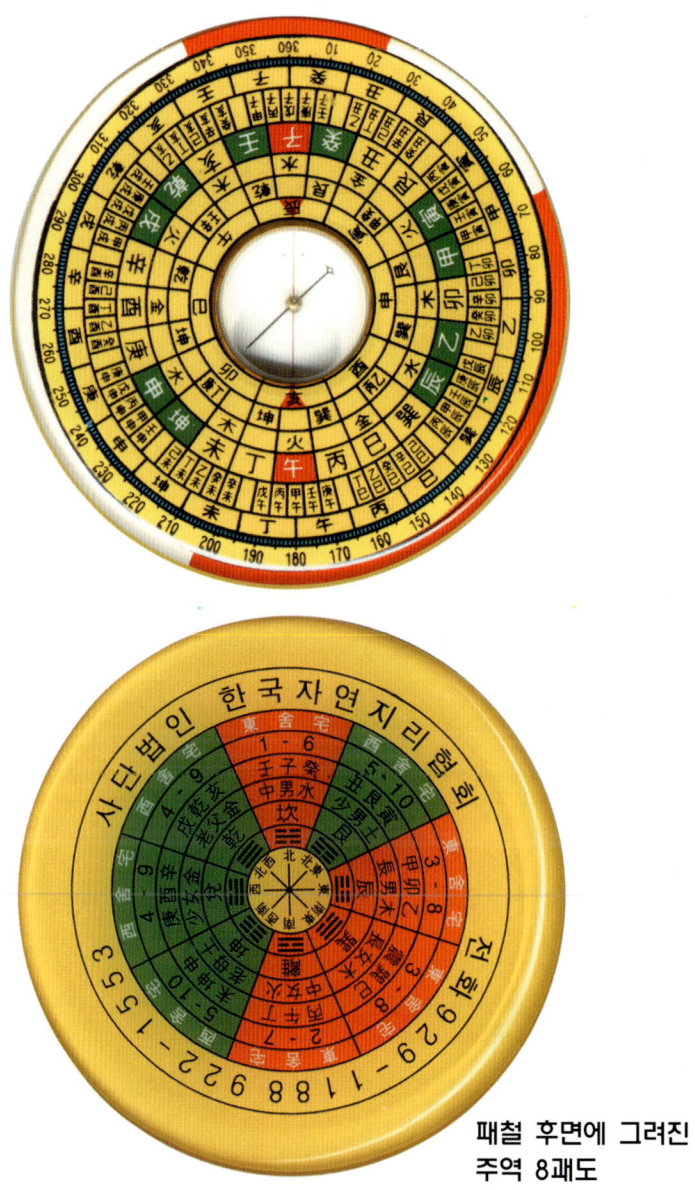

패철 후면에 그려진
주역 8괘도

▲ 경기도 구리시 소재. 태조 이 성계의 묘.
사적 제193호.

▲ 명당을 치산(治山)한 모양

▲ 충청남도 공주시 계룡면 소재. 명당지

▲ 충청남도 공주시 소재. 연화부수형 명당

머리말

우리 조상들은 대대로 풍수지리를 활용하고 자연에 순응하면서 자연에 거스르지 않고 자연을 잘 지키면서 살아왔다. 그것도 수 백 년 내지는 수 천 년을 대자연 속에서 터전을 일구며 살아왔고 그 터전을 우리들이 이어받아서 현대를 살고 있다.

우리도 먼 후세들에게 그 터전을 고스란히 물려주어야 한다. 그러나 현대에 와서 과학 문명이 급속하게 발전하면서 자연은 송두리째 깎이고 파헤쳐져서 훼손되고 있다면 어떻게 생각을 할런지 묻고 싶다.

필자는 오래 동안 풍수지리를 연구하면서 느낀 바가 있다면 자연을 잘 보존하고 지켜나가야 한다는 것이다. 그러려면 우선은 자연을 잘 알고 자연에 대한 공부를 해야 할 것으로 생각이 되었다. 그래서 풍수지리를 자연지리로 부르게 된 것이다.

풍수지리하게 되면 바람과 물을 말함이다. 그런데 그 바람은 엄밀히 따진다면 지상에 공기요, 우리 인체가 필요로 하는 산소인 것이다. 모든 만물은 물을 요구하며 물로서 생명을 유지 한다면 우리는 맑고 깨끗한 물과 공기를 얻어야할 것이다. 그래서 자연을 어떻게 대하고 다루어야 할 것인가를 알아야 한다. 풍수지리의 학문을 발전시키고 풍수지리의 연구를 통해서 우리 인간이 살아갈 때 가장 안락하고 쾌적한 환경을 누릴 수 있을 것이다.

수 백 년 내지는 수 천 년 전부터 우리 조상들은 이를 알고 풍수지리의 학문을 발전시켜 왔다. 예를 들어서 이웃 나라 일본에서는 몇 백 년 전부터 풍수지리 학문을 체계화시켰고 현재에도 각 대학에 풍수지리학과가 13곳 이상이 된다. 이렇게 일본의 대학에서 풍수지리 교육을 하고 있다는 소식을 들은 지가 벌써 20여 년 전으로 기억된다.

일본이 우리나라를 침범할 당시 전문 풍수사를 217명을 데리고 들어와서 우리나라 전국토를 탐방하면서 氣가 모이거나 흐르는 곳에 쇠말뚝을 박아 놓거나 맥(脈)을 잘라 버렸다는 사실은 누구나 알고 있는 사실이다.

풍수지리가 발전한 나라는 그만큼 국민이 더욱 잘 살고 문화도 선진 발전되어 있다. 필자는 이번에 [명당은 있다]는 이 책을 쓰기까지 전국을 탐방하면서 이름 있는 명당과 누구나 쉽게 찾아가서 공부할 수 있는 명당을 현지 사진과 함께 나열 하였다. 그리고 기술적으로 체계적인 공부를 할 수 있는 서적은 명당의 기운 초·중·고급이 있고 양택풍수 인테리어 초·중·고급 역학의 비결 초·중·고급 그리고 사주 비결록 초·중·고급 역학사전 등 총 20여 권의 서적이 나와 있다.

본 서적들을 읽고서 많은 독자들이 이해하기 쉽고 공부하는 데 큰 도움이 되었다는 극찬에 힘입었으며 아무쪼록 풍수지리를 공부하는 학우들에게 조금이나마 도움이 되었으면 하는 바람이다.

사단법인 한국자연지리협회
이사장 노 영준

차 례

■■■ 제1장 ■

■■■ 제4장 ■

■■■ 제5장 ■

■■■ 부 록 ■

명당은 있다
현장감정예

제1장

명당의 순환 이치

[경기도 구리시 인창동 소재. 동구릉(東九陵)]

풍수지리를 잘못 공부하면 명당을 보기 좋게 꾸미고 가꾸어야 된다는 오해가 생길 수 있다. 그러나 자연이란 한 치에 오차도 없이 소멸했다가 생성이 되므로 인력으로 다듬고 훼손을 해서 결코 좋을 리가 없다.

명당은 자라나는 생명과도 같다. 자라나는 과일에다 죽침을 놓았다하면 과일이 잘 여물어 질 수가 없는 이치이다.

과거에 일본이 우리나라를 침범해 들어올 당시 우리 국민들의 정신적인 지조를 빼앗기 위해서 백두대간에 쇠말뚝을 박았는가 하면 심지어는 산의 허리를 아예 잘라 버린 곳이 허다했다.

우리 민족의 조상이 산에 묻혀있고 자연을 극진히 숭배하는 민족임을 알고 명당이라고 소문난 산에 쇠말뚝을 박고 맥(脈)을 잘라서 민족의 정기를 흐리고 국민들의 사기를 저하시키려는 의도였다.

그러나 인간의 인체도 상처를 입으면 시간이 지나면서 아물고 회복이 되듯이 대자연도 우리의 인체나 다를 바가 없어서 새롭게 소생을 하게 된다.

풍수지리 학문은 인간이 이 세상에서 살아 나가기 위한 하나에 방편의 학문이지 어떠한 신(神)도 아니요 기적도 아니라는 것을 우리는 냉철하게 판단해야 할 것 같다.

자연이란 변화무쌍해서 한시도 가만히 있지 않고 사람이나 동물처럼 움직이고 변해가는 것이 자연의 이치이고 보면 아무리 인위적으로 자연을 변화시키려 해도 도저히 물리적으로 변화시킬 수 있는 것이 아니라는 것이다.

세월이 흘러서 다시 원래의 상태가 되지 않으면 또 다른 곳으로 그 흐름을 바꿀 뿐이지 주변에 영특한 천기가 파괴되다거나 없어지는 것은 결코 아니다.

과거 일본인들이 우리나라를 침범하여 저지른 일은 우리나라 사람들의 사기를 저하시키려고 저지른 일이었으나 흐르는 강물이 넘치면 둑이 터지거나 다른 곳으로 길을 찾아 흐르게 되듯이 대자연의 순리를 알지 못한 어리석은 행위일 뿐이었다.

자연은 영원하며 명당은 만들어 지기도 하고 소멸하기도 하는 것이 자연의 순리이다. 인위적으로 자연을 훼손한다는 것은 일시적인 현상 일 뿐이지 영구적으로 자연의 흐름을 막을 수는 없다는 것이다.

음양오행을 하면 귀신도 쫓는다

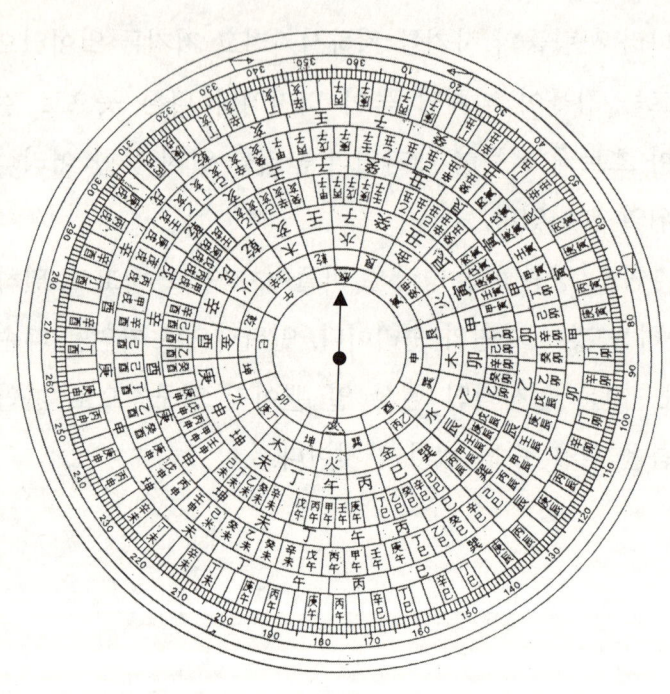

[패철도]

    과거부터 우리나라 사람들은 귀신에 대한 공포감이 많았다. 어디에 어떤 곳에 가면 무슨 귀신이 있다더라, 특히 시골 같은 곳에는 귀신이 잘 나온다는 곳이 흔히 있었다.

공동묘지가 있는 곳이라든지 으슥한 곳에는 귀신 이야기가 많은 것이 사실이다.

그리고 장례식에 참여해 본 사람이라면 잘 알 수 있을 것이다. 풍수사가 오늘은 무슨 띠는 입관(入棺)하는데 보지 말라는 이야기를 해준다. 이것은 풍수지리에서 말하는 효충이라는 것이 있는데 젊은 사람이 죽으면 혼자만 땅속에 묻히는 게 억울해서 그 날의 오행에서 충이 되는 띠를 골라서 해친다는 속설이 있다.

그것을 효충(爻冲)이라고 한다. 실제로 장례식에 참여했다가 시름시름 아프거나 혹은 죽는 사람도 간혹 볼 수 있다.

그러나 풍수사는 음양오행(陰陽五行)을 하는 사람으로 모든 사물을 다 꿰뚫어 보기 때문에 귀신조차 달려들지를 못한다는 이야기가 전해져오고 있다. 과거부터 음양오행 속에는 귀신이 숨어있다 하였으니 사주를 볼 때도 어떤 날은 잘 보이고 어떤 날은 잘 보이지 않는다는 이야기는 공공연히 전해 내려오는 이야기다.

그래서 패철 속에는 음양오행이 그려져 있기 때문에 패철을 몸에 지니고 있으면 귀신이 달려들지를 못한다는 것이다. 예부터 사대부가에서는 부인들이 패철을 몸에 지니고 다니기도 하였다. 풍수사들은 필수적으로 패철을 다 가지고 있을 뿐만이 아니라 음양오행을 터득하지 못하고는 풍수나 사주풀이를 하지 못하기 때문에 음양오행을 터득한 사람이라면 세상의 사물을 꿰뚫어 본다 해도 과언이 아니다.

　과거 개안(開眼)이다, 신안(神眼)이다하여 도통했다고 하는 사람들일수록 음양오행을 모르는 이가 없었다. 그리고 요즘에는 음양오행을 터득하지 못한 사람이라도 패철을 가정에 하나씩 소장하는 경우가 많이 늘어나고 있다.

자연과 풍수 사상

　풍수 사상과 자연이란 서로 떼어 놓을 수 없는 관계로
서 자연을 효율적으로 이용하면서 자연의 질서에 순응하
는 것이다. 만물의 영장인 인간이 이 지구상에서 수 천 년
내지는 수 만년에 걸친 삶을 영위하면서 살아남기 위한

수단과 방법을 모색하면서 어떻게 하면 행복을 누리면서 편안하게 살아갈 것인가 하는 데서 얻어진 학문이 바로 풍수지리 학문이다.

수 천 년에 걸친 조상들의 지혜와 경험을 하나하나 쌓아서 기록으로 남기고 이 기록이 정립이 되면서 오늘날 인류가 이를 바탕으로 생활을 하고 있다. 하지만 문명이 발전하는 만큼 현대적인 감각을 가지고 연구하는 사람이 적다보니 과거의 학문에 틀에서 크게 벗어나지 못하고 있는 실정이다.

어떠한 학문이건 새로운 시대에 알맞게 발전이 됨으로써 누구나 관심을 가지게 된다. 풍수지리의 학문에 발상지는 중국이다. 그러나 중국의 문자체가 어려운 한문으로 되어 있어서 용어를 이해를 하려면 많은 시간이 필요하다.

이를 번역해서 우리말로 된 서적들이 많이 나오고 있으나 저자에 따라서 차이를 보이고 있는가 하면 수많은 책을 탐독을 하다보면 오히려 혼돈의 여지가 항상 있는 것이 사실이다.

풍수지리의 학문 자체가 주역(周易)과 음양오행을 바탕으로 공부하는 관계로 이를 탐독하는 것이 여간 어려운 것이 아니다.

설령 학문을 이해한다 하더라도 실전으로 현장 답사를

많이 해야 한다는 점도 이를 뒷받침하고 있다. 풍수지리란 서두에서도 밝힌 바 있듯이 우리 인간이 대자연 속에서 살면서 자연에 크게 누를 끼치지 않고 인간도 그 일원으로서 자연에 순응하며 삶을 살아가는 데 그 목적이 있다.

현대 문명이 극도로 발전하면서 좋은 음식과 의복과 약품들이 개발이 되어 생활의 불편함을 이겨낼 수 있게 되었지만 누구나 일생을 만족을 하며 살아가기란 매우 어려운 일이다. 그래서 우리 조상들은 자연에 의지하고 자연에 기대며 살아가는 자연숭배사상이 가득 베인 삶을 살아왔던 것이다. 자연을 파악하고 이해하면서 응용하지 않고서는 살아남기 어렵다는 것을 인식하면서 풍수지리를 깊이 연구하게 되는 것이다.

풍수지리의 이론

　풍수란 바람 풍(風)과 물 수(水)자로써 바람과 물을 잘
다스린다는 뜻이다. 바람과 물은 대자연에서 스쳐가는 물
질이면서 생성하고 소멸함으로써 항상 존재하게 되는 것
이다.

바람이란 강한 바람도 있고 약한 바람도 있고 신선한 바람이 있다. 신선한 바람 속에는 우리 인체에 필요한 산소가 들어있어서 절대적으로 필요하다. 또 우리 인체에는 70%가 물이라 했으므로 물도 살아 있는 사람에게 절대적으로 필요하다.

그래서 살아 있는 사람은 물과 공기를 꼭 얻어야 한다.

그러나 죽은 사람은 물이나 공기가 필요가 없어서 바람과 물을 막아 주게 된다.

가령 묘를 써 놓았는데 그 속에 물이 들어간다든지 바람이 들어가면 절대로 안 된다. 그래서 풍수란 자연을 잘 응용해서 죽은 자와 살아있는 자를 구분을 하여 응용하는 데 그 목적이 있다.

그러나 음양오행을 빼놓고는 풍수지리를 이해할 수 없기 때문에 주역의 학문인 음양오행을 공부하게 되는 것이다. 그러므로 음양오행은 필히 외우고 터득해야 할 부분이다.

풍수의 미래

　옛날부터 풍수지리를 연구하는 학자들을 두고 풍수라고
불렀다. 풍수지리에서 풍수란 장풍득수의 준말이다. 장풍
득수(藏風得水)란 멀리서부터 바람을 막아주고 가까운 곳
에서 물을 얻는다는 의미가 있다. 주역에 근본은 음양에

있는데 살아있는 사람은 양(陽)에 해당이 되므로 바람 즉 공기와 물을 얻어야 하고 죽은 사람은 음(陰)인 관계로 바람과 물을 막아야 한다는 뜻이 있다. 그래서 바람과 물을 다스리는 지리적인 학문이라는 뜻에서 줄임말로 해석이 가능하다. 흔히 풍수라 하면 그 글자 속에 답이 모두 들어 있다고 해도 과언이 아니다.

고대 풍수에서 살펴본다면 음양론이 들어있지 않은 곳이 없다. 멀리는 중국 진나라 때 장경과 인자수지와 같은 고서에서도 중요했던 것이 음양오행이었다.

대부분 풍수 서(書)가 어려운 3한자나 전문 용어로 되어 있기 때문에 해석이 불가피할 때에는 직접 간산(看山)을 통해서 산을 보고 눈에 익혀 왔다.

특히 주역을 탐독하지 않고서는 풍수지리를 접근하기가 더욱 어려운터라 학문을 많이 갈고 닦은 고승들이나 혹은 학자들이 옥룡자비결(玉龍子秘訣) 같은 지리서를 남겼다.

이 외에도 많은 서적들이 있다고 하지만 일반인들이 읽고 이해하기란 쉽지 않았다. 그러나 지금은 대부분 한자를 한글로 풀이하여 일반인들이 쉽게 읽을 수 있는 지리서가 많이 나오고 있어서 누구나 이해하기 쉽게 되었고 일반적인 상식이 되어 인류가 살아가는데 많은 도움이 되고 있다.

풍수지리가 순수한 자연에 바탕을 두고 있는 평범한 인간사에 도움이 되는 학문이라 할지라도 책을 쓰는 사람의 시각에 따라서 판이하게 달라질 수밖에 없는 점이 있다. 그러나 풍수지리의 올바른 길은 오직 조상을 숭배하고 윗사람을 존중하는 윤리와 도덕과 예절을 중요시하는 근본 사상은 변함이 없어야 할 것이다.

풍수지리는 하나의 학문이기 이전에 효(孝)에 근본을 두고 있는 것이므로 이것을 잊지 않는다면 앞으로 인류사회의 질서에 많은 기여를 할 것이고 자라나는 후세대들도 본 받게 됨으로써 좋은 영향을 끼칠 것이다.

최근에는 유럽이나 미국에서도 동양철학과 주역 및 풍수지리가 급속히 발전이 되고 있으므로 앞으로 풍수지리 학문이 밝은 미래를 가진 것이 분명하다.

명당은 맑은 공기와 물을 의미한다

풍수지리에서 바람에 역할이란 대단히 중요한 것이다. 양택이나 음택 양쪽 모두 바람과 물을 위주로 하는 장풍득수(藏風得水)를 논하게 되는데 장풍이란 바람을 감추거나 간직한다는 뜻으로 바람이 통과하거나 불어오는 동

(動)의 상태가 아니고 고요하고 조용히 머무는 정(靜)의 상태를 뜻하는 것이다.

각 계절의 기후 변화에 따라서 바람이란 그 차도가 달라지는데 고요하고 조용하다면 공기가 되는 것이고 동적으로 활동을 하게 되면 바람이나 태풍이 된다. 무척 더운 날씨나 환절기에 시내 빌딩 숲이 사이로 불어오는 살풍(殺風)을 정면으로 맞게 되면 아무리 건강한 장사라도 감당 못하는 것이다. 하물며 추운 겨울 날씨에 세찬 바람을 맞게 되면 이것은 두말할 나위 없이 건강에 해악을 끼치게 된다.

이렇듯 우리 인류는 오랜 세월 속에서 얻은 경험과 이론을 바탕으로 풍수라는 학문을 발달시키게 되었다. 명당을 찾아서 조상을 모실 때에도 가장 중요하게 생각하는 것이 바로 바람과 물이다.

음택(陰宅)에서는 적당한 공기와 물이 있어야 명당을 이루게 된다. 득수(得水)라 해서 수구(水口)나 파구(破口)를 논하게 되는 이치이다.

비가 많이 오게 되면 산사태로 인하여 조상의 묘지가 휩쓸려 내려가는 경우와 묘지 속에 황천수(黃泉水)가 침범하게 되어 피해를 보는 경우가 있고 태풍으로 인하여 세찬 바람을 맞게 되어 기상재해가 생기는가하면 기타 안개나 서리 또는 가뭄으로 인하여 자연이 변해가는 과정을 모두 자연재해로 보는 것이다.

그러나 이러한 자연재해로부터 안심하고 피해를 걱정하지 않아도 되는 조건이 갖추어져 있는 곳이 바로 명당을 이룬 혈(穴)이라는 곳이다.

하나의 명당 혈을 만들려면 천혜(天惠)의 자연 조건이 모두 맞아야 한다. 가령 혈처(穴處)가 있는 곳이라면 토질이 단단하여 아무리 많은 비가 쏟아져도 그 물을 품어내는 조건이 되어야하고 산은 마치 병풍처럼 둘려져 있음으로써 보국(保局)이 잘 되어 강한 태풍을 피할 수 있는 조건이 되어야 한다.

명당에 혈을 맺게 되는 땅은 산천정기가 모여서 생기(生氣)가 응결(凝結)되어 있는 관계로 많은 물이 들어 닥치는 일이 있어도 기본적으로 외부로 흘러서 빠져 나가게 되어 있을 뿐 아니라 응결된 氣의 힘으로 밖으로 다시 품어내는 자연조질의 기능이 있다. 반대로 가뭄으로 인하여 타 지역에서는 풀이나 수풀이 말라죽게 되어도 명당의 땅에서 자라는 잔디는 생명력이 강할 뿐만이 아니라 밤에 이슬을 빨아들이는 역할을 하여 식물의 생명력을 유지하게 된다. 이러한 엄청난 역할을 하게 되는 곳이 바로 명당의 길지(吉地)가 되는 곳이다.

명당의 혈에서는 주변에 수목이 아무리 울창하더라도 명당의 혈판 속에는 나무의 뿌리가 침범을 하지 못하여 유해에 해가 없게 되는 곳이고 명당의 혈판 위에는 기타 잡풀이 잘 자라지 못하게 되어 있는 곳이므로 설령 몇 년이고 몇 십 년이고 벌초를 하지 않아도 명당에 잡풀이 많이 나서 잡목이 자라서 묵어지는 경우가 절대적으로 없다. 이러한 현상들은 수 천년동안 우리 조상들의 실전과 경험에서 나온 것으로 명당이 묵어지는 법이 없다는 사실은 근거 없는 말이 아니라는 것을 우리는 알 수가 있다.

　대자연이 우리 인간에게 천혜의 풍화작용으로 수 천 년 내지는 수 백 년 동안 만들어 낸 명당 즉 혈을 선물하고 있는 것으로 아무에게나 주어지는 혜택은 아니라는 것을 고서 등에서도 누누이 말하고 있다. 이러한 대자연이 제공한 명당의 길지에 묻히려면 삼대(三代)를 적선(積善)하고 그의 자식 또한 효심이 지극한 효자를 두어야 얻어지는 것이므로 현대사회에서 물질과 금전의 힘으로만 얻어지는 것이 아니라는 것을 역설하고 있는 것이다.

서양의 풍수지리

서양에서의 풍수지리는 현실적이고 과학적이다. 프랑스나 미국에서는 풍수의 중국어 발음에서 따온 펑수이(Feng Shui)를 인터넷 검색어로 검색하면 수 천 여 개의 관련 사이트가 뜨게 된다. 동양철학인 풍수지리 학문을 깊이 연구하는 한편 풍수 인테리어 등으로 다양하게 응용하고 있다.

서양은 우리나라처럼 산이 많지 않고 넓은 대륙으로 이뤄져 있기 때문에 일일이 산을 찾아다니며 명당을 찾지는 않지만 산이 많은 우리나라는 산을 잘 이용하고 산에서 이익을 얻어야 잘 살 수 있을 뿐 아니라 좁은 들판은 농산물을 가꾸기에도 모자라므로 조상 대대로 산에다 묘지를 만들어 오게 된 것이다.

미국과 같이 땅이 넓은 나라에서는 일부러 산을 찾아가서 묘지를 만드는 것보다 넓은 들판에 묘지를 만드는 것이 더욱 편리하다. 따라서 그들은 들판에서 좋은 땅을 찾아서 조상을 묻기 위해 나름대로 많은 연구를 하였고 그러한 연구는 문화가 발전을 하면서 자연스럽게 묘지 풍수지리가 된 것이다.

그들은 묘지를 만들기 전에 기계로 땅속을 뚫어서 5자 정도를 흙을 끌어 올려 과학적인 분석을 한다. 벌레가 사는지 물이 고이는지 또는 나무뿌리가 들어가는지 등등의 검증 작업이 끝난 뒤에야 그 곳에 조상을 모시는 과학적인 풍수를 하고 있는 것이다.

어설프게 묘 자리를 썼다가는 습기가 곧 차게 되고 물이 고이거나 나무뿌리가 파고들어서 유골에 나무뿌리나 벌레가 끼는 우를 범할 수 있다.

우리나라의 풍수지리는 그 역사가 천 여 년 이상 되었지만 불과 얼마 안 되는 소수의 사람들에 의해 그 맥을 이어왔다. 그래서 아직도 반풍수적인 입장이 더 강한 것이 현실이며 학문으로 그 깊이를 제대로 배우지 못한 채 전래되어 오면서 많은 사람들에게 불신감을 가져온 것이 사실이다.

하지만 현실적이고 과학적인 측면에서 풍수지리를 이해한다면 풍수지리가 우리 인류의 생활에 편리함을 제공하는 학문이라는 것을 알 수 있을 것이다.

동기감응(同氣感應)

동기감응이란 풍수지리에서 오래 전부터 전해져 내려온 말로 명당의 발복을 증명하기 위하여 중국에서부터 전해져 온 말이다. 중국의 서쪽 지방에 구리가 많이 나는 동산(구리산)이 있었는데 그 동산에서 캐낸 구리로 만든 종

을 중국의 어느 궁성에 매달아 두었는데 어느 날 그 종은 사람이 치지도 않았는데 스스로 종이 울렸다고 한다.

종이 스스로 울린 원인을 알아보니 그 종을 만든 서쪽 지방에 있는 동산(구리산)이 무너졌는데 그 동산이 무너지자 자동적으로 궁성에 매달려 있던 종이 스스로 울렸다는 것이다.

그래서 동기감응이라는 말은 동질성을 가진 물질은 자동적으로 교감이 된다는 뜻으로 전해져 오고 있다.

자손과 조상은 유전적이기 때문에 조상이 명당 길지에 묻히게 되면 동기감응은 물론이요 유전적으로 텔레파시가 통하듯이 통하게 되는데 조상을 명당 길지에 모시게 되면 조상의 유골이 산천정기를 받아서 에너지가 충만하게 되고 그 기운을 받은 유골에 유전자가 자손에게로 전달이 된다고 보는 것이다.

풍수지리에서는 조상을 명당 길지에 모시게 되면 조상의 뼈가 산천정기를 받아서 그 기운이 후손들에게 전달이 된다고 본다.

그래서 조상과 부모를 명당 길지에 모시게 되면 후손들은 한결같이 얼굴색이 좋고 건강하며 명석한 인물이 태어나게 되는 것이다.

그것은 명당의 氣가 많은 곳에 가게 되면 인체는 반드

시 그 곳에서 氣를 받아오게 되는데 이것은 물이 높은 곳에서 낮은 곳으로 흘러내리는 이치와 같아서 인체에서 내 몸에 필요한 氣를 받아들이게 된다. 그래서 조상을 명당에 모시게 되면 그 후손들은 조상의 묘소에 자주 찾아가게 됨으로서 좋은 氣를 받아오게 되는 것이다.

인생살이를 하면서 누구나 자신의 존재의 뿌리를 찾기 마련이다. 시조에서부터 중시조 가깝게는 자신의 부모에 이르기까지 누구나 그 뿌리를 찾게 되는 것이다.

우리나라 산맥

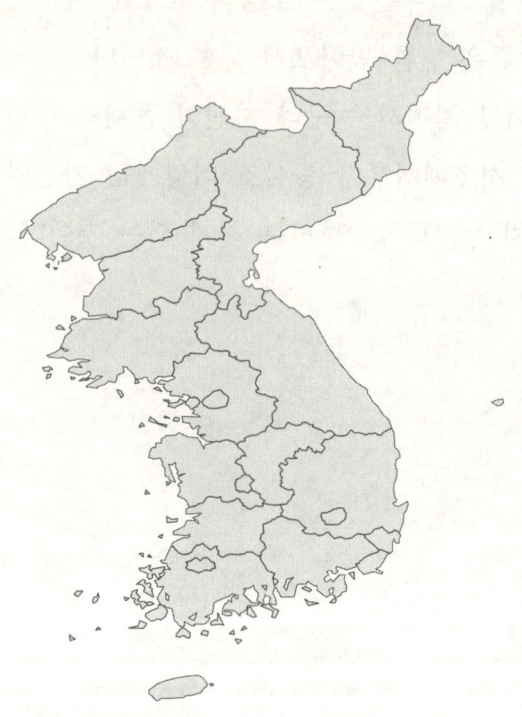

　우리나라 국민들은 파란만장한 반만년의 역사 속에서 살아오면서 국가적으로 수많은 왜침과 가뭄 그리고 홍수와 태풍 등에 자연 재해로 인하여 국토가 황폐화되고 국민들이 굶주리면서 살았던 때가 있었다.

지리적인 취약함으로 인하여 우리 조상들은 고난을 겪으며 살아온 것이다. 우리나라의 산맥의 형성을 살펴보면 태백산맥이 동해안으로 뻗어 있고 상대적으로 서해안이 낮아서 지리적인 단점을 가지고 있다.

우리나라는 여름에 찾아오는 태풍이 주로 서남쪽에서 올라온다. 서남쪽은 계절적으로 무더운 여름을 지나서 찬 바람이 감돌게 되는 방향으로 절기가 6월의 소서(小暑)를 지나서 7월의 입추(立秋)를 전후하여 태풍이 오게 됨으로써 서남쪽에 산맥이 낮은 이유로 태풍을 막아 주지 못하고 여름에 태풍이 오게 되면 어김없이 많은 농작물과 시설물 그리고 인명의 피해를 입는다.

추운 겨울에는 서북풍이 매우 강하여 추위에 시달리게 되고 봄에는 입춘(立春)이 지나고 경칩(驚蟄)을 전후해서 서북쪽에서 바람이 불게 되어서 중국에서 날아오는 황사로 인하여 인체에 호흡기 질환과 감기 증상이 발생하게 된다.

이러한 현상은 모두 서해 쪽으로 산이 낮은 관계로 인하여 생기는 재해이다. 그러나 풍수에서 말하는 재해란 이 밖에도 이루 말할 수 없이 많다.

우리 인간은 물을 섭취함에 있어서 서출동류수(西出東流水)가 인체에 가장 유익하다. 서출동류수란 서쪽에 산이나 지세가 높아서 동쪽으로 물이 흐르는 것을 말함이다.

이것은 또한 주역의 근본이요 오행이 상생하는 순행의 이치와 같다. 태양이 동쪽에서 떠오르는데 동쪽에 산이 높아서 아침에는 태양의 기운을 빨리 받지 못하게 되고 저녁에는 태양의 기운을 늦게까지 받게 되는데 서쪽으로 넘어가는 태양은 에너지가 약하게 된다.

서쪽에 물이 동쪽으로 흘러 주어야 수(水)와 화(火)에 음양의 조화가 맞아서 인체에 유익하게 되는데 서쪽 산이 낮고 동쪽 산이 높은 관계로 동쪽에서 서쪽으로 물이 흘러내리는 지세가 되어서 물의 흐름이 역행을 하고 있다.

서출동류수의 물을 먹지 못하고 동출서류수를 마시게 됨으로써 인체의 리듬이 바뀌게 된다.

물은 우리 인체에 들어가면 에너지가 되고 피가 되고 살이 되는데 대부분 반대로 흐르는 물을 먹게 됨으로써 성격이 거칠어지고 매사에 반대하는 소리가 커지게 된다. 이것은 오직 자연환경에 의해서 인간이 영향을 받게 되는 것으로 주역의 학문에서는 오행이 순행하여 바르게 가는 것을 원칙으로 하고 있다.

명당은 먼 곳에서 보아도 알 수 있다

[경기도 용문산 근처의 명당지]

이 사진은 경기도 용문산 근처의 어느 지역으로 멀리서 보아 풍수지리에서 말하는 명당의 기본 조건을 갖춘 곳으로 보였다. 그래서 현장에 가서 직접 확인해본 결과 천하에 명당이었다. 산세가 좋고 아늑하여 돌출된 곳이 마치 바가지를 하나 엎어 놓은 것 같고 좌청룡과 우백호가 감싸 주고 용맥(龍脈)이 살아서 움직이는 것 같아서 氣가 매우 충만한 곳이다.

풍수지리에서 말하는 오악(五嶽)이 이루어진 곳으로 혈이 되었다. 이러한 곳은 멀리서 내지는 사진으로 보아도 알 수 있다. 주변의 지세가 좋고 혈 명당이 이루어진 곳으로 토질이 매우 단단하게 뭉쳐져 있다.

풍수지리를 오래도록 연구한 사람이라면 경험 속에서 얻어진 지혜로써 멀리서 산을 쳐다보아도 명당임을 알 수가 있다.

그리고 가까이 가서 입수(入首)와 선익(蟬翼) 그리고 당판(當坂)과 전순(氈脣)이 모두 갖추어져 있으면 혈이 되는 것이다.

풍수지리를 공부하지 않고 잘 모르는 사람들은 요즈음에는 명당을 골라서 모두 써버려서 명당이 없는 것으로 잘못 알고 있다. 그러나 명당은 과거에도 있었고 현재에도 있으며 미래에도 영구적으로 존재하게 되는 것이 바로 명당이다.

명당혈(明堂穴)이란

[경기도 남양주시 진건면 소재 안빈 묘]

풍수지리에 꽃이라면 바로 명당 혈(穴)이다. 혈을 이루는 데에는 육가원칙에 의해서 오악(五嶽)이 잘 맞아야 할 뿐 아니라 음양오행의 격이 맞아야 한다.

명당의 혈을 이루는 데에는 태조산(太祖山), 중조산(中祖山) 주산(主山)이 기복(起伏) 변화가 많고 혈을 감싸주는 지세가 겹겹이 중첩(重疊)이 되어 氣가 모여 있어야하고 오랜 세월 동안 박환(剝換)이 이루어져야 한다.

화산이 폭발하여 수 억 년 내지는 수 천 년 동안 비바람에 의해 다듬어져서 높고 낮음을 만들고 땅이 적당히 삭아서 만들어지는 과정에서 자연적으로 혈을 만들면서 양명(陽明)해짐으로써 결혈(結穴)이 이루어지게 된다. 높은 곳에서 산천 정기가 흘러내려오면 마치 그릇을 받쳐 놓은 것처럼 氣가 감돌면서 뭉치는 곳을 명당의 혈(穴)이라고 부르게 된다.

물론 혈이 만들어져도 오행에 의해서 부귀영화를 누리는 것은 천차만별로 화복이 달라지는 것이 풍수지리 원리이다. 설사 육가원칙(六可原則)에 의해서 혈이 이루어졌다 하더라도 묘를 파 보아서 유골이 황골(黃骨)이 되어 있지 않았다면 이것은 혈이 아니다.

그리고 풍수지리는 마음속에 들어있는 욕심과 허영을 버리지 않고서는 도저히 혈을 볼 수 없다는 사실이다. 혈이란 사람의 눈에 함부로 띄지 않고 학문적으로 육가원칙에 의해서 정해져있다 하더라도 개안을 하지 않으면 볼 수 없는 것이 자연의 이치이다.

유골이 황골(黃骨)이 되었다

[황골이 된 유골]

과거부터 전국 각 지방마다 전해져 내려오는 풍수에 대한 이야기와 명당에 대한 이야기는 수없이 많다. 과거 천여 년 전부터 풍수지리를 소중히 여기고 살아 온 조상들은 명당을 대단히 소중한 것으로 여기고 살아왔다.

그러나 명당이 소중한 것을 알면서도 명당이 왜 소중한지에 대해서는 잘 알지 못했다. 그것은 과거에는 풍수지리를 체계적으로 공부를 할 수 있는 여건이 되지 못했기 때문이다.

풍수지리는 고대 중국에서부터 발생하여 우리나라로 유입이 되면서 문자체가 한문으로 되어 있는데다가 풍수지리 학문을 연구하여 일반인들에게 교육을 할 수 있는 기간이 없었기 때문이다.

설령 교육기관이 있다 해도 보통 사람들은 풍수지리 학문에만 매달 릴 수 없었다. 경제적으로 여유가 없었고 일상생활에 불편이 많아서 풍수지리 학문을 깊이 연구하지 못한 이유도 있다.

풍수지리 학문이 아니더라도 국민 누구나 학문을 할 수 있는 여건이 조성이 되어 있지 못했기 때문에 풍수지리가 크게 발전이 되지 못한 것이다.

과거 농경지 사회에서는 체계적으로 공부를 할 수가 있는 여건이 미흡한 관계로 풍문으로 떠도는 이야기로 전해진 경우와 주변에 풍수사의 말을 듣거나 어깨 너머로 배우고 익힌 실력이 대부분이었다. 그래서 실질적으로 뿌리가 없고 일종에 가시적인 학문으로써 야화가 떠돌게 되면서 각 고을마다 전해 내려오는 속설만이 난무하게 되었다.

각 지방으로 돌아보면 각 고을마다 과거부터 전해져 내려오는 야화를 쉽게 들을 수가 있다. 그러나 현재는 그 양상이 조금 다르다. 이제는 체계적으로 공부를 하게 되었고 과학적인 입증이 되지 않으면 믿지 못하는 세상이 되어 유골(遺骨)을 가지고 그 확실한 증거를 제시하고 있는 것이다.

아무리 유명한 풍수사가 감정을 하고 천하명당이라 하더라도 그 곳에서 발굴된 유골이 황골(黃骨)이 되어 있지 못하다면 이것은 명당이 아닌 것이다.

명당이란 쉽게 말해서 산천의 정기가 모여서 좋은 氣가 모여 있는 장소이다. 맑고 밝은 氣가 모여서 주변으로 흩어지지 않고 응거(應擧)가 되는 장소가 바로 명당 혈 자리인 것이다.

명당자리에 묻힌 유골은 반드시 황금색 같은 황골의 유골이 들어있게 된다. 오랜 세월동안 풍수지리를 연구한 사람들이 밝혀낸 결과이다.

명당이 되려면 몇 가지 조건이 갖추어져야 하는데 그 조건을 알기 위해서 우리는 공부하고 노력하는 것이다.

명당지에는 유골이 왜 황골로 변할까? 궁금해지는 대목이다. 그것은 살아 있는 사람도 일종에 물질로써 눈에 보이지 않은 氣를 받아서 살게 되는데 아직까지도 그 氣는 눈에 보이지 않는다하여 현대 과학에서는 풀지 못하는 하나에 숙제거리가 아닐 수 없다.

유골이 땅속에 묻혀서 가만히 있게 되면 산천의 맑은 氣를 받아서 흡수하게 됨으로써 유골이 노랗게 황골이 되고 황골이 된 유골과 황골이 되지 못한 일반 유골은 눈으로 확연히 구분이 되는 것이다.

일단 황골로 변한다면 이것은 수 백 년 내지는 수 천 년까지도 형태가 변하지 않고 보존이 되어 있다. 그러나 일반적인 유골은 토질에 따라서 각각 다르다. 몇 십 년 내지는 몇 년 내로 녹아서 없어지거나 소골이 되어서 뼈의 형태가 없어지게 되는 것이다. 그래서 이러한 과정들을 우리는 학문으로써 판단을 해야 하므로 아직까지 많은 노력이 필요하다.

뼈대 있는 가문이란

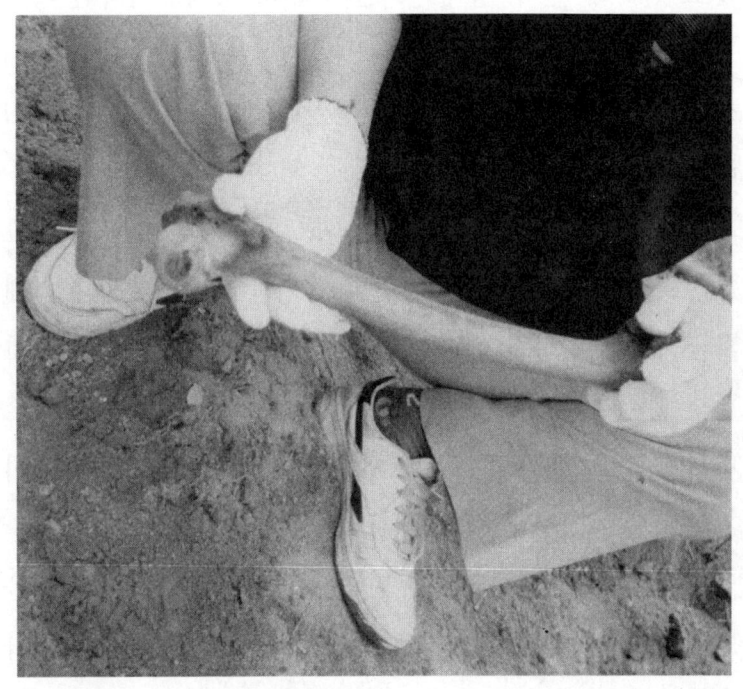

[명당지에서 나온 황골]

　사람이 예의가 바르고 정직하면 그 사람을 두고 뼈대 있는 집안의 자손이다, 뼈대 있는 가문이다 하는 말을 자주 하게 된다. 그렇다면 뼈대 있는 가문이란 어떠한 경우를 두고 하는 말인지 살펴보자. 사람이 태어나서 삶을 살다가 죽게 되면 땅 속에 묻히게 되는데 밝고 氣가 있는 땅에 묻히게 되면 그 유골은 땅에서 氣를 받아서 노랗게 황골로 변하게 된다. 풍수지리를 공부하는 사람이라면 황골이 무엇인지 잘 알고 있으나 일반인들은 황골이 무엇인지 잘 모른다. 묘를 쓰고 유골이 황골이 되면 그 곳이 명당이라는 증거가 되는 것이다.

풍수지리 용어에서 혈(穴)이 라고 칭하는데 이 혈에다 묘를 쓰게 되면 그 유골은 산천의 정기를 받아들여서 노랗게 황금색처럼 변하게 된다는 뜻이다. 그래서 예부터 묘를 파니까 황골이 나왔더라 하는 말을 하게 된다. 유골이 황골로 변하게 되면 영구적으로 보존이 된다. 심지어는 천 여 년이 지나도 살아있는 사람의 뼈보다 더 단단하고 건강하다.

후손들이 조상의 묘소에 자주 가게 되면 명당의 기운을 받아오게 되고 그 후손들은 대대로 몸이 건강하고 머리가 총명하여 매사에 두각을 나타내고 결국 부귀(富貴)를 누리게 되는 것이다.

예부터 뼈대 있는 집 자손이란 말은 조상을 명당자리에 모셔두었으므로 뼈가 황골이 되어 잘 보존 되고 있다는 뜻이다. 그래서 대대로 양반 가문이 되고 뼈대 있는 가문이 되는 것이다.

명당의 발복

[서울시 성북구 정릉 소재 신덕 왕후의 릉]

　음택 풍수는 묘지 풍수를 말하는 것이다. 음택 풍수에서
는 죽은 자 즉 고인이 묻히는 유적이다. 음택 풍수는 간단
한 일반 상식에서부터 하나하나 익혀 간다면 누구나 쉽게

터득을 할 수 있을 것이다.

생기 있는 땅이란 나무가 산소를 뿜어내고 초목과 맑은 물이 존재하는 곳으로 자연에 오염이 있을 수 없고 토질이 박환(剝換)이 되어가는 과정에서 흙 속에서 氣를 발산하는 곳이다. 생기가 뭉쳤다고 하여 명당이라고 한다. 생기 있는 자연 환경과 좋은 공기는 살아있는 사람에게 건강한 기운을 가져다주게 한다.

명당에 발복(發福)이란 명당에 조상을 모시고 명당 터에 집을 짓고 살다가 얼마나 덕(德)을 보았느냐하는 것이다. 과학이 극도로 발달된 요즘에 막연히 명당에 덕을 본다함은 땅에 덕을 본다는 말로써 풀이 된다.

우리 인간은 이 지구상에 살면서 하루도 땅에 덕을 보지 못하면 살아남기 힘들다. 우선 명당이 다른 땅보다 氣가 많은 땅이라면 그 곳에 가서 좋은 기운을 받음으로서 덕을 보는 것은 틀림이 없다.

하물며 전자 제품과 휴대폰도 다이얼이 맞으므로 장거리를 통한다고 보면 우리 인간 또한 부모와 자식간, 조상과 후손 간에 유전인자가 없을 리 없다. 그 기운이 후손에게 전달됨은 물론이요, 명당의 묘에는 氣가 많음으로서 그 기운이 인체에 좋은 氣를 얻어서 두뇌가 명석해지고 올바른 생각을 하게 되는 것이다. 氣가 많고 충만한 산은 누가 보더라도 산이 깨끗하고 맑고 밝은 것이 사실이다.

명당에는 밝고 맑은 氣가 감돌게 된다. 가령 이러한 산에 묘지를 하고 조상을 모신다면 설령 명당 혈이 되지 않았더라도 후손에게는 아무런 탈이 없고 자손대대로 명석하고 영특한 후손이 많이 태어나게 됨으로써 뼈대 있는 가문을 이어가게 된다.

거꾸로 잡풀이 많고 습기 차고 삐쭉 삐죽한 흉석이 많은 곳에 조상을 모신다면 이는 반드시 흉한 인물이 태어날 징조이다. 이것은 대자연의 진리로서 그 누구도 부인하지는 못하는 것이다.

그렇다고 우리는 굳이 천하의 명당을 찾으면서 허황된 생각을 할 필요가 없다. 천하의 명당이란 쉽게 찾아지는 것이 아니기 때문이다.

예부터 명당이란 땅에 묻히는 사람이 살아 있을 때 좋은 일을 많이 하고 대대로 3代를 적선해야 땅과 하늘이 감동하여 명당을 정해 준다는 이야기가 있다. 그래서 우리는 현실에서 최선을 다하고 조상을 좋은 길지에 모시고자 노력을 하고 평소에 지리서를 탐독하고 공부를 게을리 하지 않고 풍수지리의 상식과 지식을 익힌다면 필시 좋은 명혈을 찾을 것으로 여겨진다.

풍수지리는 중국 한나라 시대 황하강 유역에서 처음 발

생하여 우리나라에 유입된 지 천 여년이 지나면서 우리 조상들의 풍속과 국민들의 정서 속에서 자리를 잡았으나 여전히 과학적으로 증거를 제시할 수 있는 신뢰성을 쌓지 못하고 있다.

마땅히 국민 누구나 쉽게 응용할 수 있어야 할 텐데 오히려 근래에 와서는 흐지부지 넘겨버리려는 발상이 있는가 하면 심지어 미신으로까지 매도당하는 경우가 있다.

중국 고대 지리서를 비롯하여 근래 우리나라의 지리서 그리고 과거 우리나라에서 개안 했다는 고승들이나 도사 명사들이 남긴 말에 공통점이 있다면 氣에 관한 이야기다. 산이나 주택지도 마찬가지로 산 사람이나 죽은 사람이나 맑고 깨끗한 생기를 받으면 건강을 보존하고 머리가 명석해진다는 내용이다.

전통적으로 풍수지리의 학문은 부모를 좋은 길지에 모셔야 한다는 효(孝)의 사상이 담겨져 있다.

우리나라의 역대 유림의 학자들은 성리학의 학문을 풍수지리에 응용하였고 이기론 등에 형이상학적인 학문으로 발전시켰다.

조선조 유림에 학맥과 풍수지리에 관심을 가지고 연구해 보려는 사람이 많이 있었지만 고서 용어 자체가 어려워서 공부하기가 매우 난감하였다.

그래서 풍수지리를 연구하는 사람들이 한글로 쉽게 해석해서 누구나 접할 수 있도록 산서를 많이 펴낸다면 앞으로 건전하고 발전적으로 젊은 학생들이 참여하여 체계적인 학문으로 발전을 할 수 있을 것이다.

본 협회 (사)한국자연지리협회에서는 한글로 쉽게 풀어서 쓴 서적이 명당에 기운과 함께 양택 풍수 인테리어 초급, 중급, 고급편이 있다.

풍수지리 학문은 자연에 훼손을 방지하고 자연과 환경을 보존하는 데에도 크게 기여를 할 것이며 풍수지리의 학문이 건전하게 양성화됨으로써 우리 인간이 자연에서 살다가 자연으로 돌아가게 되는 이치를 깨우치게 될 때 더욱 자연을 숭배하고 아끼게 될 것이다. 그리고 우리들의 후손들에게 아름다운 강산과 자연을 물려줄 수 있을 것이다.

금시발복

　풍수지리에서 명당을 쓰면 금시발복하는 자리가 따로 있는지에 대해서 매우 궁금하게 생각할 것이다. 더구나 명당을 선호하는 사람들이 발복 그 자체를 믿고서 너무 기대하기 때문인지 모른다. 과거부터 유래 된 속설에서부터 시작하여 금시발복이다, 혹은 명당을 쓰고서 금방 부자가 되었더라, 또는 묘를 쓰고서 집안이 망했던 터라 묘지에 분장을 하고 탈이 났다더라는 등 많은 설화가 많다.

특히 발복에 대해서 연구해 본 결과 사람은 타고날 때부터 사주팔자(四柱八字)를 타고 나서 살다보면 오르막길이 있는가 하면 내리막길도 있는 법, 운(運)이 아무리 잘 타고난 사람일지라도 평생도록 순탄하게 살지는 못하는 것이 사주팔자에 이치를 초년에 고생을 많이 하면 중년에 좋다든지 중년에 고생을 많이 하면 말년에 좋다든지 하여 마치 등산을 하는 것과 같은데 태산을 올라가면 하산하기 힘들고 야산을 등반하면 하산하기 쉽듯이 운이란 10年 단위로 올라갔다가 내려오고 하는 것이 사람의 운명이다.

그 가운데서 좋은 운이 들어올 때 묘지를 쓰게 되면 운이 잘 풀리고 마음먹은 대로 잘 풀리므로 그것을 명당의 발복이라고 생각하는 반면 운이 하락하는 때 묘지에 손을 댄다든지 반풍수를 만나서 이장을 하게 되면 집안에 우환이 들고 마음대로 되지 않은 관계로 인하여 묘지의 이장 탓으로 생각하게 되는 것이다.

그래서 옛날부터 속담에 잘 되면 제 탓이고 못되면 조상 탓이라는 말이 전해지게 되었는지 모를 일이다. 아무리 천하의 길지에 묘를 썼다 하더라도 죽어서 뼈만 남아 있는 조상의 힘으로 요술방망이가 아닌 이상 하루아침에 부자가 되거나 망하는 일은 상식밖에 일이라는 것을 생각하면 된다.

다만 조상의 시신이 명당 길지에서 장시간 산천 정기를 받게 되면 이후에 태어나는 후손들이 그 氣를 전달 받게 되고 후손들이 명당에 자주 감으로써 산천에 명당에서 좋은 氣를 받아 인체의 신장에 저장하게 됨으로써 맑은 기운(氣運)이 있고 머리가 총명해져서 생각도 올바르게 하게 됨으로써 장차 큰 인물이 되는 것이다.

자연이란 천태만상으로 조상들 중 묘지가 한 곳에만 있는 것이 아니고 타 곳에서도 명당의 묘지가 있을 수 있으므로 어느 한 곳에서만 발복을 받았다고 장담을 할 수 없다.

금시발복이란 가령 토질이 각박한 땅에서 자라는 과일나무와 토질이 기름진 땅에서 자라는 과일나무에 비교하면 토질이 기름진 땅이 바로 명당이라면 아무리 기름진 땅에다 과일나무를 심어 놓았다하더라도 며칠 내로는 과일 열매가 달릴 수 없는 노릇이므로 금시발복도 이러한 이치에 해당이 되는 것이다.

보국형성(保局形成)

풍수지리에서 보국(保局)이란 주변이 산으로 둘러싸여 있는 것을 말하는데 산이 삼태기처럼 둘러싸고 있는 가운데 봉우리가 외각산에 보호를 받고 있는 것이다. 명당이란 혈이 맺히면 주로 보국형성이 잘 된 곳에서 맺히게 되는

데 가까이 가보면 뒤쪽에서 용맥(龍脈)이 잘 내려와서 혈을 맺을 수 있는 여건이 되어 있다.

명당을 보는 데에는 현장에 가서 많은 답사도 중요하지만 현장에 가기 전에 여러 가지로 연구해보는 것이 매우 중요하다.

자연이란 사시사철 변하는 기후에 따라서 토질과 지각 변동이 되면서 아늑하면서 외각의 지세를 만들어 나가면 명당지가 되는 것이다.

가령 산이 움직이지 않고 그대로 있다면 우리가 말하는 명당이란 허구에 불과할 것이고 한번 명당이면 영원한 명당일 것이고 한 번 사혈(死穴)이면 영구적으로 사혈이 되어야 할 것이지만 명당이란 그렇지 않다.

시간이 가고 많은 세월이 걸릴 따름이지 산에 지각과 토질은 변화와 순환을 하면서 언젠가는 명당을 이루어 내는 것이 자연 지리에 이치이다.

쉽게 말해서 산이 움직이고 변한다는 뜻이다. 그것은 단시일 내로 움직이고 변하지 않지만 몇 백 년 내지는 몇 천 년 동안 지각의 운동과 풍화작용으로 인하여 땅이 많이 달라진다는 뜻이다.

좌청룡(左靑龍)과 우백호(右白虎)

　풍수지리에서 가장 기본적으로 보는 것이 좌청룡과 우백호를 논함이다. 좌청룡과 우백호는 혈판(穴坂) 즉 혈상(穴象)을 좌우에서 보호하고 있는 산의 용세를 말함인데 자칫 잘못 이해하면 크게 오류를 범하기 십상이다.

각지를 돌아보면 과거 식견이 부족한 풍수사들이 가장 많이 실수를 하는 부분이 좌청룡과 우백호이다. 좌청룡과 우백호를 일컬어 혈판에서 좌측으로 내려다보이는 곳이 좌청룡이요, 우측으로 내려다보이는 곳이 우백호라 하는데 이것 또한 가지런히 위에서 아래로 내려가면서 가늘어지고 끝에 가서는 서로가 교세가 되어야 하며 양명해야 하고 순행해야 된다고 하였으며 교세란 좌청룡과 우백호의 끝부분이 서로 교차가 되어야 한다.

그리고 외청룡이 많이 겹겹으로 중첩이 될 수록 좋다는 뜻이다. 그렇게 되려면 천하 대지가 아니고서는 여간 어려운 일이 아니다. 하지만 어디까지나 명당론에서 논하는 입장에서 예외란 없다.

대지 명당이 되려면 많은 산이 중첩이 되어서 옹기가 되지 않으면 결혈(結穴)이 불가능하다. 간혹 풍수사들이 오판하기 가장 쉬운 것이 산을 볼 때 산의 흐름과 용세를 중심으로 결혈 된 지점 즉, 입수 지점을 잘 읽지 못하고 이에 앞서 좌청룡과 우백호가 잘 되어서 감싸 주어야 하는데 문제가 있다.

사람으로 보면 우선 본인이 든든해야 주변에 친구가 있기 마련으로 이런 것들은 아예 무시된 체 청룡과 백호만을 살피다보니 우선 폭 파인 곳이 아니면 주변이 꽉 막힌 천옥지(天獄地)를 명당으로 오인하게 된다.

폭 꺼진 곳이면 자연히 좌우로 청룡과 백호가 둘러싸여 있으니 안성맞춤이라 생각이 될지 모르나 세월이 지나면서 점차 그 곳은 습기가 차게 되고 물이 범람하여 광중에 물이 고이게 된다. 그리고 너무 국세(局勢)에 의존을 하다 보면 사방으로 뺑 돌아서 산이 둘러싸여 심지어 천옥지를 명당으로 착각하게 된다.

음택이건 양택이건 간에 천옥지에 태어나거나 천옥지에 묘지를 만들어 조상을 모시게 되면 불구자나 벙어리가 많이 나오게 된다.

좌청룡은 양(陽)에 속하므로 남자를 말함이요, 우백호는 음(陰)에 속하므로 여자를 말함이다. 좌청룡이 잘 생기고 좋으면 그 집에 효자 자손에다 출세하는 인물이 나오고 우백호가 잘 생기고 고우면 여걸이 나오며 효녀가 나오게 된다.

물론 화복론에서 산에 생김새나 지각이나 색상과 사태밥이 있나를 잘 살펴보고 안산의 생김새 등 여러 가지를 보게 된다.

그래서 명당이란 단 몇 가지를 가지고 섣불리 판단하기란 매우 곤란하다는 것이다.

한 예로서 좌우에 청룡과 백호가 없을 것 같은 외산처

럼 보이는 산도 혈판이 제대로 되었다면 이 곳은 명당의 혈이 될 수 있는 것이다.

따라서 제일 먼저 혈이 제대로 되었는지 그것을 살필 것이지 좌청룡 우백호에 그리 정성을 들일 필요가 없다는 뜻이 되겠다. 풍수지리란 실전 간산(看山)과 함께 지리서를 꾸준히 판독하게 되면 누구나 개안하게 될 것이다.

명당은 깊은 산골에 있다

명당의 혈은 그 등급이 천차만별이어서 값어치가 일정하지가 않다. 풍수지리에서 말하는 명당이란 크게 음택과 양택이 있는데 양택은 사람들이 거주하고 있는 집을 말하고 음택은 그 기운이 음(陰)적이어서 죽은 자들을 모시는

곳이다. 과거 우리 조상들은 자신의 모체인 조상을 모시는
데 있어서 재산이 있는 한 금액을 논하지 않고 좋은 길지
를 구해서 조상을 모시려는 정성이 대단했다.

그래서 명당을 집 한 채 값이면 모실 수가 있다하였는
데 요즘 말하는 집 한 채 값이 아니고 그 집안에 전 재산
을 말함이다.

요즘 현대인들의 생각대로라면 가당치도 않은 이야기
다. 하지만 예전 농경지 사회에서 자연에 의존하고 살아가
던 선조들의 순박함은 나를 낳아주고 길러서 가르쳐 주신
부모님을 위해서는 기꺼이 재산쯤은 버릴 수도 있다는 효
(孝)의 정신이 지배이념이었다. 인간이 살아가는데 있어서
사회적인 도덕과 집안의 윤리와 뿌리가 있음으로써 인본
주의적인 모체가 형성이 되는 것이다.

부모나 조상을 좋은 길지에 모신다고 하루아침에 부자
가 되고 입신출세를 한다는 보장이 되어 있다면 지금과는
판이하게 달라질 것이지만 이것은 눈으로 보이는 것도 아
니고 당장 나타나지 않으므로 반신반의하며 호기심만 가
지고 있는 실정이다.

그래서 과거부터 풍수지리라 하면 크게는 대자연을 연
구하고 자연의 질서에 어긋남이 없이 행하는데 그 목적이
다분하며 그로 인하여 사회의 질서에 이바지 하는 한편

인본주의 교육에 큰 몫을 차지하였다.

앞으로 이러한 교육적인 학문마저 사라져 간다면 이 사회는 점점 더 삭막하고 막다른 길로 가게 될 것은 뻔한 일이다.

누구나 태어나서 살다가 땅속으로 가야할 길이라면 조금 더 자연을 연구하여 깨끗한 자연을 후손들에게 물려주는 것이 풍수지리 학문의 목적이다.

풍수학적으로 본다면 명당이란 말 그대로 때 묻지 않은 밝고 좋은 땅을 말함이다. 훼손이 되지 않고 오염되지 않은 좋은 땅을 말함이니 이것은 곧 인간의 손길이 닿지 않는 깊은 산골에 있음을 뜻한다.

제2장

안빈 묘 천하명당

[경기도 남양주시 진건면 소재. 안빈 묘소]

경기도 남양주시 진건면 송능리에 있는 안빈 묘소는 천하에 명당 길지이다. 안빈은 1623년에 출생하여 조선 왕조 17대 왕 효종의 후궁으로 슬하에 숙녕 옹주를 낳았고 숙종 19년 향년 70세의 일기로 세상을 떠났다. 15세의 약간의 나이로 후궁으로 책봉이 되어 55년 동안 후궁으로 있다가 사망하자 숙종이 안빈으로 책봉을 하였다.

우리는 평소에 명당이라는 말을 쉽게 하게 되는데 막상 풍수지리를 연구하면서 느낀 바는 명당이 그렇게 흔하지 않고 설령 명당이 있다하더라도 누구나 명당 길지에 묻히는 것이 아니라는 것을 알 수 있다.

풍수지리에서 명당을 찾으려면 3代에 걸쳐서 적선(積善)을 하고 부모에게 효도하고 자식들에게 사랑을 베푸는 지극한 효심을 가진 자손을 두어야 만이 비로써 명당 길지에 묻히게 되는데 그것도 하늘이 자리를 정해 주고 땅이 문을 열어 주어야 명당에 묻힌다 하니 명당이 얼마나 소중 한 자리인지 짐작케 하는 대목이다.

30여 년 간 풍수지리를 연구하면서 전국을 답사하고 명당을 연구해도 명당이란 결코 흔하지 않은 것 이여서 어떠한 보물보다도 값진 것이라고 말하고 싶다.

그렇다면 안빈 역시 과거 몇 백 년 전 사람이지만 인품이 고귀하고 선하고 덕이 많았음을 짐작 할 수 있다. 사람은 단 한 번 이 세상에서 태어나서 생을 살다가 생로병사(生老病死)를 거쳐서 죽게 되면 땅 속에 묻히게 되는데 누구나 명당 길지에 묻히고 싶어 할 것이다. 그러나 권력과 재물이 많았던 조선 왕조 27대 왕 중에서도 단 2명만이 명당에 묻혔을 뿐이다.

[안빈 묘 입수지점]

명당이란 쉽게 표현을 하면 산에 바가지를 엎어 놓은 모양이나 계란을 세워 놓은 모양 또는 수박을 놓아 둔 모양과 같다. 막상 현장에 가서 입수 지점과 당판과 당판을 감싸주는 선익과 당판을 받쳐주는 전순을 보면 과연 혈(穴)이란 육가원칙에 의해서 맺히는 것이라는 것을 누구나 알 수 있을 것이다.

가령 산의 맥이 수박 넝쿨과 같은데 수박넝쿨이 뻗어가다가 수박이 한 덩어리 맺히는 부분이 바로 명당 혈이라는 곳이다.

고 박 정희 전대통령의 옛 생가

[고 박 정희 전대통령 옛 생가]

위 사진에서의 집은 고 박 정희 전대통령의 옛 생가의 모습이다. 과거에 농촌 마을은 누구나 할 것 없이 잘 사는 집이 별로 없었던 시절이었다.

우리 선조들은 자연에서 살면서 자연에서 먹거리를 찾고 잠을 자고 일하는 모든 생활을 자연 속에서 있는 그대로 생활을 해 왔다. 초가 삼 칸 집 하나만 보더라도 하나도 때 묻지 않고 오염 되지 않은 자연 그대로였다. 특히 벽면이 황토 흙으로 발라서 통풍이 잘 되고 보온이 잘 되어서 사람들의 건강을 지켜 왔음을 알 수가 있다. 그리고 지붕에는 볏짚으로 지붕을 엮어서 여름에는 비바람을 피하고 겨울에는 눈바람을 막아주고 온도 조절을 해왔던 것이다.

인간이 가장 건강하고 행복하게 살 수 있는 길은 인위적으로 가공된 것이 아닌 자연 상태가 가장 좋다는 점을 알 수 있는 대목이다.

그리고 고 박 정희 전대통령이 태어나서 어린시절을 보낸 현장은 풍수적으로 천하에 길지임을 알 수가 있다. 한 가지 공통점이 있다면 고 박 정희 전대통령의 할아버지, 할머니를 천하 명당에 모셨다는 점과 고 박 정희 전대통령이 태어나서 자란 생가 터가 천하명당이라는 것이다.

이러한 사람이 자라서 한나라에 강력한 지도자인 왕이 되었다는 점을 인식한다는 우리는 풍수지리를 결코 소홀히 할 수가 없을 것이다.

구미시 상모리에 있는 생가

[구미시 상모리 소재. 고 박 정희 전대통령 생가]

위에 있는 사진은 고 박 정희 전대통령의 초년기에 태어나서 자란 집의 모양을 재건 해 놓은 형태이다. 과거에 원형은 사라지고 옛날 그 자리에 모양을 재건해 놓게 되

어서 크게 변한 것은 없다. 다만 위에 있는 몸체가 과거에
는 초가집이었는데 기와로 바뀌었을 뿐이다.

그런데 대문으로 들어가는 곳이 과거에는 이 곳이 아니
라는 것을 알 수가 있다. 소상한 내용을 잘 모르겠지으나
알아 본 결과 대문은 과거에 아래채의 좌측에서 들어오게
되어있었다는 것을 확인할 수 있었다.

그렇다고 보면 출입문이 노모토(老母土)로써 서남쪽의
출입문이었고 위에 안채는 집의 기두(起頭)가 서북쪽의
노부금(老父金)이 된다.

노부금(老父金)은 서북쪽의 기두가 되는 것이다. 그렇다
면 양택 풍수에서 노모토의 출입문에 노부금의 기두는 최
상의 가상이다.

과거에 허물어져가는 집인데 출입문과 집의 주(主)가 음
양의 배합이 잘 맞아 떨어지는 것이다. 이러한 가상에서
태어나서 자라게 되면 크게 발복이 따르게 된다.

양택 풍수에서는 주역의 8괘를 논하게 되는데 그 중에
서도 노모토(老母土)는 제일가는 재물을 뜻하게 되고 노
부금(老父金)은 제일가는 명예와 권력을 의미하게 되어서
이 두 괘는 음양에 조화가 가장 잘 어울리는 배합이 된다.

옛날 대문 옆에 우물

　구미시 상모리 고 박 정희 전대통령의 생가에 옛날 대문이 있던 옆에 우물이 있었다. 그런데 우물이 있는 자리가 요즘 와서 풍수지리 적으로 패철을 놓고 재어보니 그렇게도 잘 맞아 떨어질 수 없다. 이것은 우연에 일치가 아니라 물은 서출동류수가 되어야 약수가 된다고 주역에서는 보는 것이다.

그것은 서쪽에서 발생하여 동쪽으로 물이 흘러야 순행의 원칙이기 때문이다. 그런데 정말로 이 우물이야 말로 서쪽에서 동쪽으로 흐르는 우물이다.

마당 한복판에서 재어보니 경유좌(庚酉坐)로서 서쪽에서 동쪽으로 흐르는 물이 틀림이 없었다. 그리고 뒤쪽에 보이는 곳은 바로 언덕이 있고 그 위쪽에 산이 있는 곳이 바로 서쪽이 되는 것이다.

그래서 서쪽의 산에서 내려오는 물이 된다. 서출 동류수는 서쪽에 산이 높고 동쪽이 지대가 낮음으로써 물이 흘러내리는 것을 말함이다. 고 박 정희 전대통령은 어린 시절에 이 곳의 약수를 먹고 자랐음을 알 수가 있었다.

이것은 냇가나 강의 형태도 마찬가지가 된다. 그런데 우물도 역시 동쪽으로 트여있는 지세가 되었고 서쪽에 산이 높음으로써 서출동류수가 되는 것이다. 그래서 이 우물을 먹은 사람들은 누구에게나 약수가 된다.

가령 동쪽에서 서쪽으로 흐르는 물이라면 맑고 깨끗하다하더라도 이것은 약수가 되지 못한다. 그것은 음양의 조화가 맞지 않는 물이기 때문이다.

토산(土山)이 보인다

[토 산]

풍수지리에서 토산을 일자문성이라고 부르게 된다. 그런데 구미시 건너 쪽에 있는 산이 마치 2층으로 되어 있는데 그것도 마치 아래층과 위층이 2개가 꼭 같이 토산이 형태가 되어서 그 2개가 다 일자문성이라는 것이다. 풍수지리에서는 일자문성이 보이게 되면 옛날부터 왕이 나온다는 말을 한다.

그래서 그것을 두고 왕기(王氣)가 서렸다고 하는 것인데 집에서는 직접 보이지 않고 우측으로 나가봐야 보이게 된다. 과거에는 나무가 없을 때에는 바로 집에서 보였을 것이다.

그러나 현재에는 구미 시가지가 들어서면서 높은 빌딩 숲이 생기고 공장과 차량의 매연으로 인하여 흐릿하게 보인다. 옛날에는 공기도 맑고 빌딩이나 나무숲이 없을 때에는 더 뚜렷하게 보였을 것으로 추정한다.

풍수지리에서 토산이라 함은 땅이 평평하게 생긴 모양을 뜻하고 토산이 높이 솟아있음을 귀(貴)하게 여긴다. 대부분의 흙은 낮은 곳에 있기 마련이다. 그러나 과거 수 천년 전에는 높은 산이 거의 암석으로 되어 있었기 때문에 높은 곳에 있는 흙을 귀하게 본다.

그리고 토산의 정상이 평평하여 윗부분이 마치 왕의 왕관과 유사하게 생겼다하여 토산에는 왕기(王氣)가 서렸다고 하는 것이다.

금오산의 주봉

[경상북도 구미시 소재 금오산]

금오산은 옛날부터 명산으로 전해지고 있다. 고 박 정희
전대통령의 고조부와 증조부는 성주사읍리에서 살았고 조
부는 당시 1915년 박 정희 전대통령의 증조모가 돌아가시

자 금오산 영봉에 모셨고 2년 후에 고 박 정희 전대통령이 태어났다고 한다.

조모의 묘지의 비석에는 당시만 하더라도 풍수지리 학문이 정통으로 발전을 하지 못하여 좌향을 경좌(庚坐)라고 되어있다. 그러나 정확하게 말하자면 천간과 지지의 배합을 이루어 경유좌(庚酉坐)로 봐야 한다.

그런데 무엇보다도 중요한 것은 어떠한 인물이라도 명당에 의해서 태어난다는 것을 알 수가 있다. 고 박 정희 전대통령의 조모의 명당에 의해서 고 박 정희 전대통령이 태어났다는 것을 알 수가 있다.

그것은 학문적으로도 규명을 할 수가 있는 대목이다. 조모를 모시고 얼마 후에 조부를 같이 쌍봉으로 모셨는데 그 좌향(坐向)이 경유좌(庚酉坐)로서 사유축(巳酉丑) 삼합(三合)에 의해서 발복이 되었다는 것을 알 수가 있다.

고 박 정희 전대통령의 띠는 뱀(巳)띠이므로 사유축(巳酉丑)의 삼합의 띠가 발복을 받게 되는 것이다.

풍수지리에서는 조상을 명당 길지에 모시게 되면 그 후손들은 누구나 좋은 기운을 받게 되어서 머리가 총명하여 부귀영화를 누릴 수가 있다고 본다. 다만 큰 인물이 태어나는 것은 정해진 띠에 의해서 태어나는 것이다.

[박 정희 전대통령의 조부 묘]

고 박 정희 전대통령의 조부의 자리가 어떻게 해서 명
당인 혈(穴)이 되었느냐 하는 것은 우리니리에서 풍수지
리를 공부하는 사람이라면 누구나 한 번 쯤은 가 보았을
것이라고 생각한다.

태조산은 물론 금오산의 정상의 산맥이 굽이쳐서 흘러
내려 오다가 주산을 만들고 주산에서 하나의 맥(脈)이 좌
측으로 휘어 감으면서 우선 맥으로 흘러 들어와서 입수를

만들었다. 그리고 좌측 선익과 우측 선익이 또렷하게 만들어졌다. 당판은 매우 넓고 크게 혈(穴)이 되었다. 그리고 전순이 받쳐 주었다. 그런데 전순 바로 앞에는 돌들이 많이 박혀 있는 것이 특징이다.

열쇠 바위라는데

[열쇠 바위]

　　고 박 정희 전대통령의 조모의 묘지 앞에 있는 바위가
자물쇠 바위라 해서 좋게 보는 이들도 있다. 이것은 이기
론, 형상론, 물형론마다 각기 의견이 분분하다.

그러나 결론적으로 이 바위는 흉격으로 보는 것이 정확하다. 조모의 묘지에서는 잘 보이지 않으므로 영향을 끼치지 않는다.

그러나 그 앞에 고 박 정희 전대통령의 부모를 모신자리에서 보이는 것이 흠이 되는 것이다.

부모님을 모신 자리는 정확하게 말해서 전순에 해당이 되는 지점이라고 보면 된다. 그리고 그 앞에서 이 바위가 보임으로써 부모님의 묘지와 충(沖)이 된다.

물형론에서 이 바위가 열쇠 바위라 해서 귀하게 보고 화복을 논하는 것은 아무런 근거가 없는 것으로 본다. 그것은 어떠한 물체라도 묘지에서 볼 때 흉하게 보이게 되면 좋지 않게 보는 것이다. 그리고 같은 바위라도 이것이 귀하게 보일 때에만 길(吉)하다고 본다.

이 바위는 묘지에서 볼 때에는 귀석으로 보이지 않기 때문에 길하게 볼 수가 없는 대목이다.

일자문성(一字文星)

[구미시 건너편 쪽에서 보이는 일자문성]

 금오산의 고 박 정희 전대통령의 조부와 조모의 묘지에서 마주 보이는 곳은 구미시의 건너 쪽에 있는 토산이 2층으로 층을 이루고 보인다. 소위 말해서 왕기가 서려 있다는 바위산이다. 보통은 토산이라고 하게 된다.

명당인 혈이 이루어지고 그런 토산이 보이게 되면 반드시 왕이 탄생한다.

그래서 고 박 정희 전대통령은 그 왕기가 서린 토산의 영향을 받고 큰 인물이 태어났다고 믿고 있는 것이다.

달리 형성이 그리고 그 토산이 얼마나 강력하고 뚜렷하냐에 따라서 인물의 됨됨이가 달리 형성이 된다.

그 일자문성(一字文星)이 단단하고 뚜렷하여 강력한 지도자로서 당시 가난했던 우리나라를 발전된 국가로 한 단계 끌어올려 놓았는지 모른다.

토산은 말 그대로 위 부분이 평평한 평지와 같다. 평지는 땅이고 흙이다. 그런데 그 토산이 산 정상에 있게 되면 과거에는 화산이 폭발하여 암석일 텐데 암석 위에 흙은 귀한 뜻이 있고 그 토산의 길이가 짧음으로서 더욱 가치가 있는 것이다. 그래서 멀리서 보게 되면 왕관의 위쪽 부분과 흡사하다하여 왕기가 서렸다고 보는 것이다.

금오산의 주봉은 사람 얼굴과 같다

[금오산의 주봉(主峰)]

예부터 전해 내려오는 속설에 따르면 금오산의 주봉이
동북쪽 옆에서 보게 되면 사람의 얼굴과 유사하게 생겼다
하여 거인(巨人) 산이라고도 하였는데 그 곳에서 인물이

나게 되면 금오산의 정기를 받았다는 말을 하곤 한다. 금오산은 선산 쪽에서 보게면 정상이 붓끝처럼 보여서 문필봉이라고도 하고 황금색 까마귀인 금오(金烏)가 노닐었다는 전설과 함께 예로부터 신령스러운 곳으로 여겨지고 있는 산이다. 해발 977m의 높이에 울창한 산림으로 우뚝 선산으로 금오산의 원래 이름은 대본산(大本山)이었고 고려때 남숭산(南嵩山)이라고도 불렸었다.

지금은 우리나라 최초 도립공원으로 지정되어 관리되고 있다. 금오산은 태백산에서 가지를 이어받아서 서부 경남쪽으로 뻗어나가는 소백산맥에 속하게 된다. 소백산맥은 과거부터 우리나라에서 양 옆으로 강을 끼고 있어서 영남인의 젖줄의 역할을 해 왔다.

앞에는 낙동강이 유유히 흐르고 넓은 터전에는 고속도로가 지나가고 또 구미시가지가 펼쳐진다. 아래 위에는 김천시와 대구직할시가 연결이 되는 곳이다. 과거부터 풍수지리 적으로 평온한 지세를 가졌다고 보는 것이다.

그런데 이후에 고 박 정희 전대통령이 이 곳에서 태어나 자연적으로 개발이 되면서 구미시는 현재에 산업도시로 크게 발전을 하였다. 한때는 고 박 정희 전대통령도 금오산의 정기를 받고 태어났다하여 구미 선산지역에서는 크게 환영을 하였다.

금오산의 정기

　금오산은 태백산맥의 본령으로 남부의 위쪽에 자리를
잡고 있다. 풍수지리를 연구하다보면 산의 지세가 힘이 있
고 없는 것과 산은 살아 있는 생명체와 같다는 것을 알 수
가 있다.

위 사진에서 보다시피 금오산의 태조봉에서 주산으로 이어지는 산맥이다. 산은 물이 흐르듯이 흘러내리는 모습과도 같은 것이며 마치 물결이 굽이치면서 옆으로 갔다가 바로 흐르기도 하고 때에 따라서는 올라가기도 하는 것이 마치 뱀이 기어가듯이 흘러가야 한다는 것이다.

그것을 풍수지리의 용어에서는 지각의 변화라는 것인데 전에는 고 박 정희 전대통령이 태어난 경북 구미시에 가도 무심코 지났던 것이 풍수지리를 공부하면서부터는 유심히 보게 되었고 또 사진을 여러번 찍어 보관하기도 한다.

풍수지리란 결국 사람이 살기 좋은 자연의 환경 조건에서 밝고 맑은 氣를 얻게 되는 조건을 뜻하는 것이다. 그런데 구미시에 고 박 정희 전대통령이 태어난 생가에서는 몇 년을 두고 공부하고 연구를 해도 모자랄 정도로 금오산의 지세가 웅장하다는 것을 알 수 있다.

언뜻 보기에는 금오산의 한쪽자락에서 그것도 시골 마을 한쪽 모퉁이에 자리하고 있는 것 같지만 이러한 지세를 풍수적으로 표현하고 체계적으로 학문으로 정립하기란 매우 난감한 일이 아닐 수가 없다.

그러나 어디까지나 객관적인 입장에서 학문적으로 다가가서 냉정하지 않으면 안 된다는 점을 인식하게 되었다.

처음에는 고 박 정희 전대통령의 경북 구미 시에 있는 상모리라 생가 터가 있는 곳이 천하명당이라는 말만 들었을 뿐 직접 가보지는 못했다. 그런데 막상 가서 확인해 본 결과 과연 천하명당이라는 것을 알 수가 있었다.

명당자리란 풍수지리를 공부하지 않은 사람도 그 자리에 가게 되면 느껴지는 것이 바로 명당자리인 것이다.

특히 금오산에는 채미정이라는 곳이 있는데 선산군 봉계리에서 출생하여 고려 말기의 충신이며 대학자인 야은 길재의 충절과 학덕을 기리기 위해서 세워진 정자이다.

그리고 우리나라에 풍수지리를 중국에서 처음 들어온 도선국사가 참선했다는 도선굴이 있으며 의상대사가 수도한 약사암도 금오산에 위치하고 있다.

그래서 예부터 금오산은 태백산맥에서 용맥이 이어져서 천리를 끌고 내려와서 뭉쳤다하여 천하 명산이라고 정평이 나 있는 산이다.

신덕왕후 강씨의 능 천하명당이다

[서울시 성북구 정릉 소재. 신덕 왕후 강씨의 능]

독자들은 조선 왕릉을 떠 올릴 때 왕릉이나 왕비의 능
이 대부분이 천하의 명당이라 생각하겠지만 조사해 본 결
과 조선왕릉 대부분은 무해지지이거나 아니면 무해지지도

되지 못한 장소에 묻 친 것으로 나타났다.

동구릉에 있는 태조 이 성계의 건원릉이야 말로 천하명당이며 그 외에 왕조실록에서 혈(穴)을 찾아보기란 매우 힘들다.

권력과 부를 누렸던 왕조의 세력이 어찌 명당에 묻히지 못했을까? 하는 반문이 들게 된다. 풍수지리 학자들은 고서에서 말하는 명당은 돈이나 권력으로는 찾기 어렵다고 본다. 땅주인은 따로 있다는 것이다. 고서 지리서에서 말하듯이 3대(代)를 적선(積善)하고 덕(德)을 쌓은 사람만이 명당에 묻힐 자격이 있다는 뜻이다.

산서(山書)에서는 착하고 정직하게, 스스로와 이웃을 어질게 아우르는 사람, 부모에게 효도하면서 하늘을 감동시킬 수 있는 사람만이 기다리는 길지를 얻을 수 있다고 말한다.

좌파, 우파의 당파 싸움으로 인하여 왕조실록에서 좋은 혈을 할 수 없었던 것은 이러한 가르침에서 볼 때 당연한 일일 것이다. 아무리 궁에서 벼슬을 내리고 키운 풍수라 할지라도 개안된 사람이라면 벼슬아치에 머물 리가 없을 것이다.

가령 있다고 하더라도 좌파 우파가 서로 모함하는 판국에 천하명당을 구해 공을 세우게 되면 상대편의 세력이 저하되기 때문에 결국 자기무덤을 파는 모함을 당하게 되기 때문이다. 이러한 일이 반복되다가보니 무해지지에 보기 좋은 인장으로서 왕릉을 꾸몄다는 일설이 설득력을 얻는다.

이 사진은 성북구 정릉에 있는 태조 이 성계의 왕후 신덕 왕후의 능이다. 본래 중구 정동 자리에 있던 능을 태종 때 지금의 성북구 정릉 자리로 옮겨왔다.

일설에 의하면 정릉이 아닌 의정부로 가려고 미아리 고개를 넘어서 부근에 개울을 건너는데 상여(喪輿)를 메고 가던 사람들의 발이 땅에서 떨어지지 않더라는 것이다. 사람들이 우왕좌왕하고 있을 무렵 갑자기 회오리바람이 불어서 상여에 꽂힌 꽃이 날아가서 지금의 무덤자리(정릉)에 앉았다는 설화가 있다. 그래서 이후에 그 시신을 정릉에 모셨다는 내력이 있다.

정릉은 북한산 맥을 타고 내려 온 용세가 장엄하고 청룡작국으로 보국(保局)이 좋은 유혈(乳穴)로 천하의 길지임을 알 수 있다.

살아서 온갖 서러움을 당하고 죽어서까지 천대 받았던지라 하늘이 무심치 않고 천하의 길지에 신덕왕후를 잠들게 했다는 이야기다. 천하의 명당은 덕을 쌓아 어진 사람만이 하늘에서 받을 수 있는 보상인 것이다.

정릉 정문 앞

    정릉은 서울에 중심지에서 제일 가까운 곳에 위치한 명당으로 최상의 명소이다. 하루에도 수 백 명의 방문객이 이 곳을 찾고 아침에는 조깅을 하거나 약수를 떠서 마시고 산책을 하며 건강을 지키는 곳이다. 이것은 아마도 신덕 왕후가 명당을 찾아서 자리를 잡고 앉아 있으니 많은 사람들도 여기에 와서 좋은 氣를 받아서 건강을 지키라는 뜻일 것이다.

본래 신덕 왕후는 조선 태조 이 성계의 계비(繼妃)로써 성은 강(康)씨이고 황해도 출생이다.

태조가 즉위하자 현비에 책봉이 되어 슬하에 방번과 방석의 두 왕자와 경순 공주를 낳았는데 태조는 본부인 아들인 이방원에 반발에도 불구하고 방석을 세자에 책봉했다.

이에 불반을 품게 된 이방원은 그의 형제들과 함께 반대세력을 제거하고 왕자에 난(亂)을 일으켜 세자인 방석과 형인 방 번까지 죽이게 되었다.

태조의 본부인 아들인 이 방원에게 세자가 죽임을 당하게 되자 현비 강씨 역시 시름시름 앓다가 세상을 떠났고 조정에서는 그녀를 신덕왕후로 봉하고 정동에 묘를 써서 묻었다.

태조 이 성계는 신덕 왕후를 오래도록 잊지 못하여 매일 강씨 묘를 찾아갔으며 그 당시 무덤의 훼손을 막기 위해 경비병을 배치하기도 하였다. 그리고 태종 때에 가서 이 묘는 정동에서 정릉으로 옮기게 되었다.

현재까지도 이 곳은 하루 종일 구경하러 오는 사람과

또는 소풍이나 약수 물을 뜨러오는 사람들이 줄을 지어서
방문하는 곳으로 유치원생, 초등학생 등 자라나는 새싹들
이 공부를 하면서 소풍을 하는 장소로도 유명하다.

명당이란 밝고 맑은 좋은 생기가 모여 있는 장소로써
서울에서 가장 가까운 장소에 이러한 천하명당 길지가 있
으므로 많은 사람들이 드나들면서 좋은 氣를 받고 건강을
유지하고 있는 것이다.

좌선익(左蟬翼)을 볼 수 있는 장소다

[명당의 좌선익]

풍수지리에 꽃과 열매라면 바로 혈(穴)이 있는 곳을 말
한다. 혈이란 먼 곳에서 보면 산의 능선이 꾸불꾸불하게
흘러 내려와서 마치 과일열매가 달린 모습이 되어야 한다.
주산에서부터 지각의 변화를 이루고 내려오면서 입수가

만들어지게 된다. 위에 보이는 장면은 입수에서 좌측으로 당판을 감싸 앉은 선익이다.

선익(蟬翼)이란 당판을 감싸 도는 것으로 마치 산의 형태가 과일의 껍질과 유사하다. 소위 말해서 당편에서 감돌고 있는 氣를 외부로 빠져 나가지 못하게 보호하고 있는 장치이다.

풍수지리에서는 혈이 된 곳을 명당이라고 부르는데 풍수지리를 공부하지 않는 사람들은 명당이라하면 특별한 장소나 이상적인 특정한 장소로 알고 있다.

그러나 명당에 원리란 간단히 말해서 산천의 정기가 모여 있는 장소이다. 어떠한 산이라도 그에 알맞은 氣가 흐르고 있는데 혈(穴)은 그 氣가 더 이상 빠져나가지 못하도록 이루어진 구조를 말하는데 이러한 장치는 인위적으로 만들 수가 없고 오직 자연적으로 만들어진 곳이다.

그래서 사진에서의 생김새도 자연 조건 속에서 이루어져 있는 것임을 알 수가 있다.

명당이란 쉽게 볼 수가 없고 귀한 것이다. 천혜의 자연 조건에서 氣가 모여서 감돌고 빠져 나가지 못하는 장소라면 그 조건이 아주 까다롭기 때문에 귀한 것이다.

우선익(右蟬翼)을 볼 수 있는 장소다

[명당의 우선익]

　하나의 명당 혈이 만들어지기 위해서는 좌측에 선익이
있으면 우측에도 선익이 있기 마련이다. 선익이란 과일의
껍질과 같은 역할을 한다.

쉽게 말해서 수박 한 덩어리가 있다면 꼭지부분에서 시작하여 좌우로 껍질이 보호하고 있다고 보는 것이 된다.

선익의 형태가 얼마나 중요한지에 대해서 풍수지리를 공부하지 않은 사람은 이해하지 못할 것이다. 실제로 손으로 다듬어 놓은 것처럼 매끈해야 하고 굴곡이 없어야 하고 움푹움푹 파인 자국이 있거나 땅이 고르지 못하다면 좋지 못하다.

그렇다면 자연적인 현상으로 이렇게 잘 만들어지기란 결코 쉬운 일이 아니라는 것이다.

그래서 풍수지리를 오래 동안 연구를 해 온 사람들도 혈이 된 곳에서 양쪽의 선익이 감싸 안고 있는 자연 상태를 보고 간혹 의심을 할 때가 많다. 너무나 매끈하고 정교하여 마치 사람이 조각을 해서 다듬어 놓은 것처럼 보이기 때문이다.

자연이란 수 만 년 내지는 수 억 년의 세월이 흐르면서 비바람과 풍화작용으로 인하여 산이 깍이고 다듬어지면서 혈판 내에 氣가 모일 수 있는 조건이 이루어지면서 바로 명당 혈(穴)이 되는 것이다.

이것은 자연이 우리 인간에게 제공해 준 더할 나위 없이 큰 선물이라 할 수 있다.

명당의 전순(氈脣) 지점이다

[명당의 전순]

명당이 이루어지는 데에는 오악이 맞아야 하는데 마지막으로 필요한 것이 당판을 받쳐주는 전순(氈脣)의 지점이다. 과거 고서에서는 전(氈)이라 부르기도 하고 순(脣)

이라고 부르기도 한다.

그래서 전과 순을 합쳐서 전순 또는 순전이라고도 명칭한다. 전순이란 그 생김새가 명당의 생김새와 명당의 크기에 따라서 천차만별로 다르게 된다.

대부분은 전순의 모양이 새 주둥이처럼 짧게 생긴 모양을 보고 순이라 하고 반대로 넓고 길게 뻗어있다면 전이라고 하게 된다. 그래서 이 두 가지를 통칭하여 전순이라고 부르게 된다.

이처럼 명당을 하나 이루는 데에는 자연조건에서 만들어졌다하지만 규격이 짜여져 있고 육가원칙에 의해서 오악(五嶽)이 다 맞아야 하는 것이 혈(穴)이다.

과거부터 우리 인간은 천하의 명당 길지를 구하기 위해서 일평생을 공부하고 노력하면서 전국의 산야를 헤매고 다녔던 것이다.

그래서 부모나 조상을 위해서 지극 정성을 다하고 가진 재산을 다 내 놓고 명당을 구하기도 하였다.

현대인들에게는 거리가 먼 이야기 같다. 그러나 우리 인간은 아무리 세상이 변해도 언젠가는 자신의 근본 모체인 뿌리를 찾게 되는 것이 자연스러운 현상이라는 생각이다.

혈판(穴坂)에서 찍은 사진

[명당의 혈판]

　명당에서 혈판(穴坂)이란 풍수용어에서는 보통은 당판
(當坂)이라고 하게 된다. 입수와 선익 그리고 전순이 있는
것도 모두 당판을 보호하기 위해서 있는 것이다.

당판이란 과일로 비교하면 알맹이와 같다. 가령 수박이 한 덩어리 있다면 꼭지는 입수가 되고 선익은 껍질 부분이 되며 전순은 수박의 배꼽 부위가 된다.

당판이란 수박의 알맹이와 같으므로 당판에다 직접 묘를 쓰게 된다. 그리고 당판이 큰 것은 명당이 크다고 보는 것이고 당판이 작다면 명당이 작다고 보는 것이다.

그리고 풍수지리를 전문으로 공부하고 연구하게 되면 당판의 이치를 상세히 공부하게 된다. 당판도 그 생김새와 규격이 잘 맞아야 한다.

가령 혈 덩어리가 크게는 생겼는데 그 위 부분이 기울어졌거나 모양이 비뚤어졌다면 더욱 유심히 관찰해 보아야 한다. 오악에서 어느 한 부분이라도 어긋나면 혈이 되지 않는다.

그리고 가장 중요한 것은 당판에서의 토질이다. 토질은 혈이 될 수 있는 가장 중요한 조건이다. 당판의 모양이 아무리 잘 생기고 혈이 된 것 같아도 토질이 좋지 못하여 혈토(穴土)가 없다면 이것은 혈이 되지 못한다. 그래서 가장 먼저 보게 되는 것이 토질이다.

주산의 봉우리

[명당의 주산]

정릉의 명당에서 주산은 북악산이 되고 삼각산은 중조산이 되고 도봉산이나 인수봉을 태조산으로 볼 수 있으나 태조산이나 중조산 소조산이라는 것에는 큰 의미가 없다.

단지 혈을 맺게 하는 혈판 바로 뒤에 있는 주산이 가장 중요한 역할을 한다.

대부분 지방에 가도 큰 명산을 많이 거론하게 되는데 실제로 혈을 맺는 데에는 가장 가까운 혈판 뒤에 있는 주산이 좋아야 한다. 주산에서 맥이 흘러와서 혈을 이루는 작국(作局)을 만들게 되는 이치이다.

명당론에서 태조산이란 조상을 뜻하고 중조산이란 조부를 뜻하고 주산이란 부모를 암시하고 있다. 사람도 부모를 잘 만나야 어린시절이 순탄하듯이 만물에 근본이 되는 뿌리가 튼튼해야 본인이 편안하다.

명당이라고 해서 다를 바가 없다. 주산이 잘 생기고 산의 흐름이 좋고 밝고 맑아야 좋은 氣가 많이 생성되는 되는 것이다.

그래서 풍수지리에서는 태조산 중조산 소조산을 크게 논하지 않고 주산을 잘 살펴보게 된다.

사람도 멀리 있는 친척이나 형제가 아무리 출세하고 훌륭해도 본인에게는 큰 영향이 없다. 그러나 가까이 있는 부모가 훌륭하면 자식에게는 덕이 되는 것이다. 그리고 무엇보다도 혈판(穴坂)인 본인이 가장 중요하다.

좌청룡이 혈(穴) 앞을 휘어 감았다

혈(穴)이 맺히기 위해서는 참으로 많은 조건이 맞아야 한다. 처음에는 누구나 명당이라 하게 되면 예사로 넘어가게 된다. 그러나 막상 풍수지리를 공부하면서 점차적으로 느끼게 되는 것은 명당 한자리가 만들어지는 데에는 수 십 가지의 자연지리적인 조건이 충족이 되어야 한다는 것이다.

그렇다면 이 넓은 땅덩어리에 명당은 극소수이고 명당 자리가 한 자리 있다면 이것은 천금과도 비할 수 없이 귀한 것이라는 것을 알 수 있을 것이다. 이것은 풍수지리를 공부하지 않은 사람은 이해가 가지 않을 수 있지만 풍수지리에 관심을 가지고 공부하는 사람이라면 누구나 공감할 수 있는 대목이다.

위에 보이는 산은 혈판을 휘어 감싸고 있는 산인데 좌측으로 감싸고 있다하여 좌청룡(左靑龍)이라고 한다.

이 좌청룡은 혈판 뒤쪽의 주산에서 가지를 이어받아서 혈을 보호하고 氣가 빠져 나가지 못하게 하기 위해서 혈을 감싸고 있는 산이다.

어머니가 아기를 좌측 팔로 감싸 앉고 젖을 먹이는 형국이 되고 청룡작국(靑龍作局)이라고도 한다.

풍수지리라 하면 과거에 학문이라서 어려운 한자가 많아서 배우지 못할 것이라고 생각하는 예가 많다.

그러나 막상 대하면 그렇지가 않고 오히려 매우 자연스럽고 누구나 관심을 가지면 배울 수가 있는 학문이다.

무자손천년향화지지(無子孫千年香火之地)

[전라북도 김제시 만경읍 소재. 천년향화지지]

전북 김제시 만경읍에 성모암(聖母庵)이라는 암자가 있고 그 위에 진묵(震默) 대사의 어머니 묘소가 있다. 진묵 대사는 1562년에 태어나서 아버지를 일찍 여의고 홀어머니 밑에서 자랐다.

집안이 매우 가난하여 어머니가 어린 진묵 대사를 키울 수 없게 되자 조앙사라는 절에 맡기기로 하였다. 그런데 그 절에 주지 스님의 꿈에 부처님이 절로 들어오시는 꿈을 꾸고 이튼 날 어린 진묵 대사를 받아서 키우게 되었다는 것이다.

진묵대사는 어릴 때부터 머리가 영특하고 효심이 지극하여 조석으로 자신이 먹을 밥을 주먹밥으로 만들어서 호주머니에 넣어서 어머니께 가져다드리곤 하였다.

그럭저럭 세월이 흘러 어머니의 나이가 연로해 지게 되자 진묵스님은 아들이라고는 본인 밖에 없는데 자식만 바라보고 한평생 살아오신 어머님의 심정을 헤아리니 밤잠을 이룰 수 없었다.

그러던 중 어머님이 돌아가시자 진묵대사는 홀어머니에 제사를 모실 사람이 없으니 자손이 없어도 제사를 지내줄 수 있는 절을 찾아 나섰고 이윽고 사람들에 받길이 천년 동안 이어져 제사 공양의 촛불이 하루도 끊이질 않는다는 천년향화지지를 찾아 홀어머니의 묘를 쓰게 되었다고 한다.

진묵대사의 홀어머니에 대한 효심은 아직까지도 많은 사람들에게 귀감이 되고 있다. 그렇다면 천년향화지지가 과연 천하에 명당지인지 알아보기로 하였다.

천년향화지지라하여 크게 기대를 하는 사람들도 있겠지만 말 그대로 화려한 명당 혈(穴)이라고 느끼지 못했다.

다만 자식이 부모를 천년향화지지에 모시기 위해 얼마나 많은 노력을 하였을까 생각을 하니 참으로 그 정성이 대단하다는 생각이 들고 진묵대사는 큰 스님으로서 도안한 스님이었으니 두 말할 것도 없이 천하명당지에 자리를 잡았을 것이라고 생각이 들었다.

묘지가 있는 산은 서쪽의 바닷가에 있는 산으로 주산이 동쪽에서 흘러서 서쪽으로 뻗어가서 바다에까지 맞닿은 산으로 동쪽으로 보고 산의 지맥이 삥 돌아 본산과 마주하였으니 이것을 회룡고조(回龍顧祖)라 하여 동쪽으로 보고 앉았다.

과거에는 혈이 되어서 명당의 형태를 갖추었을지 모르지만 큰 혈이 되지는 못했다는 의견이다. 그리고 세월이 수 백 년이 지나면서 혈의 토색이 퇴색이 되어가고 있었으나 지성이면 감천이란 말이 있듯이 자식이 부모를 그토록 정성껏 모신 까닭에 지금도 성모암이라는 암자가 있고 그 곳에서 관리를 하고 있다는 것이다.

그 묘에 가서 정성으로 한 가지 소원을 빌게 되면 소원을 들어준다는 전설이 아직까지도 전해지고 있어서 전국 각지에서 관광버스가 수시로 들어오고 있었고 묘지에 풀을 뜯으면서 서로 인사를 하고 암자에 가서 기도를 하는 이가 많았다.

좋은 명당을 구하기 전에 우선 자식이 부모나 조상을 지극 정성으로 모시려는 진정한 마음이 있을 때 비로써 좋은 길지가 눈앞에 나타나게 되는 것이리라.

수 백 년이 지난 지금에도 그 암자에서는 향불이 그치지 않고 계속 타고 있는 것으로 볼 때 진묵 대사가 바라던 천년의 향화지지는 능히 이루어진다는 것을 알 수가 있고 앞으로도 부모님에 대한 진묵 대사의 효심은 영원히 그치지 않을 것이라는 생각이 든다.

청량산 퇴계 이 황 명당설

청량산은 경상북도 봉화군과 안동시 예안면 경계에 있는 산으로서 청량정사(淸涼精舍)에서 퇴계 이 황는 수도를 하며 성리학을 집대성하였다. 당시 조선 왕조에서 성리학에 대가였던 퇴계 이 황 선생이 연로하자 퇴계 선생은

스스로 묘비명을 써 놓았는데 그 묘비명은 다음과 같다.

[묘비명]

나면서부터 크게 어리석었고
자라면서 병이 많았네
중년에 어찌 학문을 좋아하게 됐고
말년엔 외람되게 벼슬이 높았네
근심 속에 즐거움 있고
즐거움 속에 근심 있네
저 세상으로 떠나며 생을 마감하는데
다시 무엇을 구할 것인가.

근대사에 최고의 유림의 학자로서 스스로 묘비명까지
써놓고 마지막 가는 길을 준비하는 과정에서 제자들이나
자손들은 유명한 풍수사들을 모시고 서로 천하에 길지에
모시려고 최선을 다 하고 있었다.

풍수사가 천하의 길지를 구했으니 그 곳에다 퇴계 이
황 선생을 모시게 되면 손자 중 3명이 큰 인물이 나온다는
소식을 듣고 그 곳으로 정하고 제자들과 자손들은 산으로
올라갔다.

그런데 그 산이 꽤 높은지라 나무를 엮어서 매어 표시를 해놓고서 내려와 집에까지 도착을 했는데 그 동안 그곳에는 사방에서 퇴계 이 황 선생의 제자들이 수없이 모여 들어 퇴계 이 황 선생은 당대의 큰 학자인데 손자들이 한 명도 아니고 3명씩이나 큰 인물이 나게 되면 퇴계 이 황 선생의 명예가 가려진다는 의견이였다.

그렇게 되면 퇴계 이 황 선생에게서 학문을 배운 학자들 역시 스스로 이름을 잃게 된다는 주장이 제기 된 것이다. 그러자 사방에서 여러 의견이 분분하여 결국 그 자리에다 모시는 것이 불가능해졌고 그 명당에 대한 소문만은 입에서 입으로 전국에 퍼져 나갔다.

주변에서 그 명당자리를 달라는 사람이 한 두 명 씩 생기기 시작하면서 일이 벌어졌다. 그 산이 높고 꽤 거리가 멀어서 누가 직접 가서 알려 줄 수가 없다보니 그 주변에 싸리나무를 묶어 놓았다고 하자 사람들이 낮에 가서 확인을 하고 낮에는 버젓이 묘를 쓸 수가 없으니 밤에 자신들의 조상의 묘를 파서 관을 짊어지고 가서 이곳에 묘를 쓰기 시작하였다.

그래서 순식간에 그 자리를 중심으로 수 십 개의 묘가 생겨나기 시작했고 심지어 묘를 쓴 위에 또 묘를 쓰고 보니 뒤죽박죽이 되어서 그 곳은 공동묘지 아닌 공동묘지가 되었다.

나중에는 그 곳에 조상에 묘를 쓴 사람은 하나같이 자기 조상의 묘가 어떤 것인지도 모르고 분실을 하고 말았다는 이야기다. 지금도 그 근처에 가면 묘지의 흔적들이 남아있다.

현재에도 조상을 명당길지에 모시겠다는 사람들이 많은데 과거에는 두 말 할 것이 없이 누구나 조상을 명당 길지에 모시겠다는 신념이 대단하였음을 알 수 있는 대목이다.

그런데 문제는 그 곳에다 묘를 쓰면 후손이 큰 인물인 대학자가 나온다는 말에 욕심을 가지고 일을 서두르다 보니 조상의 시신마저 잃어버리는 현상까지 나타나게 되었던 것이다.

조상의 시신을 좋은 땅에 생기가 있고 안락한 명당 길지에 모시게 되면 조상이 편안하게 잠이 든다는 생각보다 자손들의 부귀에 집착한 때문이다. 이 밖에도 전국 각 고을마다 과거부터 전해 내려오는 명당에 얼 킨 야화가 많다.

명당은 있다
현장감정예

제 3 장

음지의 명당보다 양지에 무해지지가 좋다

풍수지리를 공부하다보면 명당 혈을 찾아 나서게 되는데 옛날부터 전해 내려오는 속담에는 음지의 명당보다 양지에 무해지지(無害地支)가 더 낫다는 말이 있다.

그러나 혈(穴)이 되었느냐 되지 않았느냐 하는 것이지

일단 혈이 이루어져 있지 않은 곳에는 명당이라는 말을 쓰지 않는 것이 원칙이다.

그런데 일반 사람들은 땅이 어느 정도 좋다 싶으면 천하명당이다 하는 말을 흔히 쓰고 대부분 태양이 잘 들면서 따뜻한 곳을 두고 명당이라 한다.

그래서 양지 바른 곳에 무해지지라도 좋다는 말이 조상 대대로 전해져 내려오는 것이다.

과거에는 묘지를 할 때 제대로 혈을 볼 줄 모르는 지관이 예우 상 "자리가 좋습니다." 또는 "천하에 명당입니다" 라고 말을 하면 그 후손들이 대대로 조상의 묘소를 천하명당라고 믿게 되는 것이다. 정말 그 말이 사실이라면 각 지방마다 천하명당자리가 허다할 것이다.

그러나 풍수지리를 조금이라도 관심을 가지고 연구를 해 보면 누구나 진정한 명당을 찾기가 매우 어렵다는 것을 알 수가 있다.

지방마다 전해 내려오는 천하명당이라는 곳이 대부분은 명당 혈이 아니라는 것을 알게 되고 음지의 명당이 양지의 무해지지보다 못하다는 말은 곧 음지에는 명당 혈이 맺히지 않는다는 뜻이기도 하다.

이것은 대자연의 이치로서 명당의 이론이란 산천 정기가 감돌고 있는 곳이 바로 명당의 혈처(穴處)인데 음지에는 햇빛이 잘 들지 못하고 습기가 많으며 겨울에 눈이라도 쌓이면 오래도록 잘 녹지 않기 때문에 습한 기운이 대부분인데다 양기가 머물지 못하는 곳이다.

그러나 사상론에서 양중유음(陽中有陰), 음중유양(陰中有陽)이라 해서 음지라 해도 간혹 혈이 맺히는 경우를 설명하고 있다.

와겸유돌(窩鉗乳突) 중에서 돌혈을 일컬어 촛대설 또는 호롱설 등잔설이라 하는데 이것은 사상론 중에서도 돌혈을 뜻함이다.

이 돌혈은 말 그대로 등잔이나 촛대처럼 뾰족한 산꼭대기에서 맺히게 되는 혈로 과거 선대들이 촛대다, 등잔이다 하며 이름을 붙여준 것이다.

이것도 엄밀히 말하자면 북향이나 서향을 보고 있기는 해도 산 정상에 위치해 있기 때문에 꼭 음지라고 할 수는 없는 것이다.

그래서 과거 조상들의 말씀대로 음지에 명당이 양지의 무해지지보다 못하다는 이야기가 나오게 되었는지도 모른다.

아무리 찾아보아도 음지에는 혈을 맺을 만한 곳이 드물며 산의 생김새나 보극형성이 형이 잘 이루어졌다 해도 가까이 가서 보면 어딘지 모르게 한쪽이 허한 곳이 있기 마련이다.

이와 반대로 양지쪽에는 웬만하면 토질이 좋을 뿐만 아니라 따뜻하므로 습기가 찬다든지 하는 경우가 없으며 양지쪽에다 잘 치산을 한다면 굳이 명당을 찾아다닐 필요가 있겠는가 하는 생각이다.

무해지지라도 자리를 잘 골라서 정성껏 치산한다면 복을 받게 될 것이고 많은 사람들이 너도나도 명당을 찾아서 조상을 모셔야 한다면 좁은 국토에 그렇게 많은 명당이 있을 리도 없고 자칫 혼란만 초래할 뿐이다.

그래서 옛날부터 땅은 임자가 따로 있어서 본인이 베풀고 일구고 얻은 만큼의 결과에 따라서 좋은 명당을 만나게 되는 것이다.

명당 속에는 氣가 응결(凝結) 된다

　풍수지리를 공부하는 사람들은 어느 곳에 명당이 있다고 하면 전국 어디라도 달려가서 보고 연구를 하게 된다. 그러나 명당 혈(穴)을 만나 보기가 매우 어렵고 명당이 있다하더라도 모두 장단점이 있기 마련이다.

의정부시에 있는 한 명당은 와혈(窩穴)로써 혈을 맺은 형체나 토질 모든 것이 좋다. 이 명당에는 조선시대에 이 판서라는 사람이 묻혀 있었는데 명당의 시효가 끝나면서 자연히 파여져 나오게 되었고 10여 년 전에 다른 사람이 주인이 되어 그 자리에 묻히게 되었다.

명당이란 그 크기에 따라서 시효가 있는 법인데 그 시효가 끝나면 분실이 되거나 후손들의 이러저러한 이유로 파여져 나와 다른 장소로 이동을 하게 되므로 영구적인 명당은 없다.

처음에 봉분을 파헤치자 관에 옻칠이 까맣게 되어 있고 매우 두꺼운 상태여서 수 백 년이 지났는데도 모서리가 조금씩 부서지는 정도일 뿐 양호했다고 한다. 그런데 관의 뚜껑을 열자 그 안에 안개 같은 하얀 김이 꽉 들어 차 있어서 유골이 보이지 않았는데 햇빛이 들자 서서히 안개가 걷어지면서 유골이 드러나는데 마치 황금덩어리처럼 이글거리는 유골이 나타나더라는 것이다.

오랜 세월동안 氣를 받아들여 응결이 되어 있었기 때문에 수 백 년이 지났지만 뼈에 좀하나 먹지 않은 원형이 그대로 보존 이 된 것이다.

과거 지방마다 명당을 파보니 김이 새어 나오더라는 말도 있고 혹은 학이 날아 나가더라 하는 말도 있는데 먼 곳에서 보면 그렇게 보인다는 것이다.

氣가 관 속에서 응결이 되거나 혹은 관이 썩어 없어져도 관 중간에 김이 많이 서려 있을 수 있다. 하지만 명당 속에는 반드시 氣가 응결되거나 유골이 황골이 되는 것이 사실이다. 천하 명당 길지에 조상을 모신 사람들은 그 후손들 중에서 영특한 인물이 많이 태어나서 부귀를 누리게 된다.

명당혈(明堂穴)은 드물고 귀하다

풍수지리 학문이 우리나라에 유입된 지 1300여 년이 지나면서 국민들의 생활 정서에 많은 도움을 주었으며 특히 효(孝)에 근본을 둔 학문으로 도덕과 윤리 사상에 크게 기여해 왔다.

그러나 한편으로 풍수지리를 올바로 공부하지 못한 소위 반풍수들이 짧은 지식으로 잘못 전달하게 됨으로써 일부는 불신감을 가지게 된 것이 사실이다.

풍수지리에 꽃이라 불리는 명당 혈은 매우 드물며 귀하여 구하기가 매우 힘들다. 그래서 명당은 임자가 따로 있다는 것이 예로부터 전해져 내려온 선대들의 가르침이다.

3代를 적선(積善)하고 덕을 쌓으면 하늘이 감동하여 명당을 정해 준다는 것이고 그 자손이 부모와 조상에게 극진히 효도하고 남에게 덕을 쌓아서 진정한 효심에서 부모의 유골을 명지에다 모시겠다는 정성이 있어야 비로소 하늘이 감동하여 혈(穴)을 정해 주고 땅이 받아들인다는 것이다.

그런데 세월이 흘러 오늘날에 와서는 돈만 있으면 명당을 누구나 구할 수 있는 것처럼 생각한다. 만약 그러하다면 효에 근본인 풍수사상은 하나의 명분에 지나지 않을 뿐 아니라 먼 훗날 우리들의 자손만대에 걸쳐 부모에게 효도하고 어른을 공경하고 윗사람을 존중하는 도덕마저 무너지고 말 것이다.

자손들이 효에 근본을 가지고 있고 진정한 정성이 있다면 꼭 명당이 아니더라도 습기가 차지 않고 생기가 넘치는 무해지지에 무덤을 정하더라도 후대에 명당 못지않은 위력이 뒤따를 것이고 만약 본인들이 발복을 받아서 대대로 잘 살아보겠다는 허황된 생각으로 천하명당을 찾아서 조상이나 부모를 모시더라도 돌아가신 부모가 알고 하늘이 알고 땅이 알며 또한 주변 사람들도 모두 알 수 있을 것이다.

그래서 풍수사상은 어디까지나 효의 사상이라는 것을 알면 앞으로도 많은 사람들이 길지에 묻힐 수 있을 것이고 또한 풍수지리도 올바른 방향으로 발전이 되어 갈 것이다.

땅은 세월의 흐름 속에서 지각변동을 하여 풍화작용으로 명당 길지를 만들어 내고 순환을 거듭 할 것이다. 그리고 지구가 돌고 돌면서 봄 여름 가을 겨울이 연속되듯이 명당 또한 영구불변한 것으로 항상 그 주인이 나타나기를 기다리는 것이다.

음택 풍수에서 시신을 모시는 목적

　음택 풍수란 조상을 모시는 것이다. 그렇다면 땅이 오염되지 않은 채 맑은 땅이어야 하고 환하게 빛나고 마른 땅이어야 하고 오색이 영롱해야 한다. 그런 땅을 고르려면 우선 잡풀이 많이 나고 습기가 많은 땅에는 조상을 모시지 못한다.

그런 곳에 묘를 써서는 안 되며 또한 위치가 높아야 한다. 살아 있는 사람도 높은 자리에 앉으려고 애를 쓰듯이 위치가 높아야 하며 햇빛이 잘 들어야 하고 사방으로 산이 병풍을 쳐 놓은 것처럼 감싸 주어야 한다.

요즘 사람들은 편리함을 추구하다보니 거리가 가까운 곳에 차를 타고 가서 조상을 자주 찾아 뵙겠다는 생각이다. 그러나 자주 찾아뵙지 못하더라도 산골짜기 명지에 모셔놓는 것이 훨씬 낫다.

명당의 특징이란 잡풀이 나지 않는 대신 잔디를 심어 놓으면 잔디는 아주 잘 자란다. 이런 명지에다 조상을 모시면 잡풀과 나뭇가지가 자라지 못하는 관계로 자손들이 자주 벌초를 하지 않아도 묵어나는 법이 없다.

후손들이 편리함 때문에 조상을 명지에 모시지 못하고 오히려 잘 모셔 놓은 조상까지 함부로 가까운 곳으로 옮기는 경우가 있다. 특히 습기가 차고 氣가 머물지 않는 곳에 조상을 모신다면 이것은 망지가 되어서 조상에게도 큰 불충이 되는 것이다.

명당 안에서 나온 황골

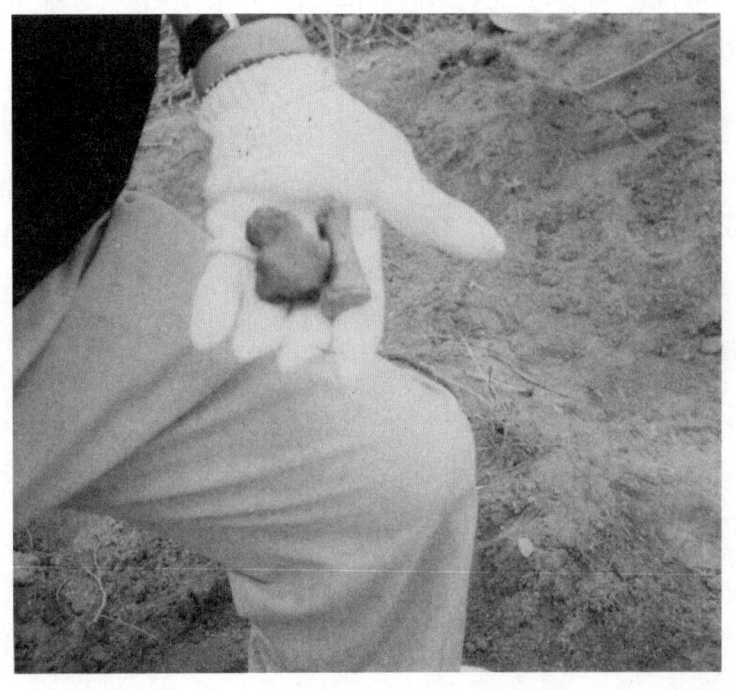

[황골(黃骨)]

이 사진은 500년 이상 된 무덤을 이장하면서 나온 황골 사진이다. 천하에 명당인데도 발복의 시효가 끝나면서 우연히 파여져 나오게 되었다.

유골은 500~600년이 지났는데도 살아있는 사람의 뼈보다도 더 건강해 보인다. 어떤 사람은 천하에 명당이라면 왜 파여져 나오는지 반문 할 수 있을 것이다.

하지만 자연의 순환이란 어느 한 사람 만이 명당에 묻혀서 영화를 영구적으로 누리라는 법은 없다.

일정한 기간이 지나면 타인이 묻히게 된다. 그래서 무덤에는 시효(時效)가 있다고 하는데 그 시효란 명당의 크기에 따라서 50년·100년·300년·500년 이러한 식으로 다르게 나타나게 된다. 명당의 시효가 끝나면 파여져 나오고 또 다른 땅에 주인이 묻히게 된다.

그것은 살아 있는 사람도 처음에는 셋방살이나 초가삼간에서 살다가 돈을 벌게 되면 좋은 집으로 이사를 가는 것이나 다를 것이 없다.

그리고 자연의 순환이치로 보면 수박이 과일 열매를 맺고 나서 일정한 시일이 지나게 되면 다 익어서 열매가 떨어지게 된다. 그래서 명당도 시효가 지나게 되면 氣가 머물지 못하고 소멸이 되는 경우도 있다.

태조 이 성계 묘지 천하명당이다

[경기도 구리시 소재. 태조 이 성계의 묘. 사적 제193호]

조선왕조를 세운 태조 이 성계의 릉은 경기도 구리시 인창동 소재 동구릉(東九陵)에 있는 건원릉(健元陵)이다.

풍수지리를 연구하고 관심이 있는 사람 중에서 이 곳을

답사하지 않은 사람이 없을 정도로 잘 알려진 곳이다. 풍수지리에서 이기론과 형국론 형기론이 있는데 형기론의 대표적인 명당이다. 마치 교과서처럼 결혈(結穴)이 잘 되어 있다. 조선왕조를 창건하는데 큰 공을 세우고 한양의 도읍지 터를 잡은 무학대사가 이 건원릉 자리도 잡았다.

무학대사는 고승으로 풍수지리에 신통의 경지에까지 오르고 지리서로는 무학비결이 있는데 전국 방방 곳곳에 무학대사가 잡은 명당 터가 더러 있으며 근래에 풍수지리를 연구하는 사람들에게 많은 자료가 되고 있다.

건원릉은 산의 지세가 부드럽고 좌청룡 우백호가 잘 짜여진데다가 혈판의 뒤쪽이 잘록하게 꺼져있는데 이것은 용이 흘러내려와 기복이 변화하는 과정에서 생긴 자연 현상으로 지리서에서 대단히 귀하게 보는 것이다.

흔히 이것을 개미허리 같다고 말하게 되는데 개미허리가 가늘지만 힘이 세다. 입수 처는 마치 사람의 두뇌와 같고 불록하게 높아지면서 입수 겸 주산으로 본다.

용은 생룡(生龍)이어서 생기가 충만하고 당판은 넓고 커서 과일로 비유하면 수박덩어리처럼 크며 전순의 지각은 높고 잘 받쳐 주고 있어서 넓은 보국으로 천하의 명당 길지이다.

그리고 그 보국 안에는 9개의 능이 자리 잡고 있어서 동구릉이라고 부른다. 건원릉은 명당이 되었는데 이 다른 능 중에서는 혈이 맺히지 않았으나 태조 이 성계의 명당의 기운으로 조선 왕조가 500年 이상 이어 질 수 있었다는 것이다.

흔히 산을 호박의 넝쿨로 본다면 호박이 달리는 곳이 명당이라고 할 수 있는데 국내에서는 이 보다 더 큰 명당 혈을 찾아보기 힘들다.

일설에 의하면 태조 이 성계는 신하들에게 자신의 고향 함경도에서 억새풀을 베어다가 릉에 심어 놓고 후손에게 벌초를 하지 말라는 유언을 하였다고 한다.

그런데 이후 일본인들이 우리나라에 침범하였을 당시 다른 산에 명당은 거의 훼손을 하였으나 이 곳만은 억새 풀이 잔뜩 심어져 있어서 명당이 없을 테니 들어갈 필요가 없다하여 명당의 훼손 위기를 모면하였다는 이야기가 전해진다.

태조 이 성계 5대 조부 묘소 천하명당

[강원도 삼척시 소재. 태조 이 성계의 5대 조부 묘소]

태조 이 성계 5대 조부, 조모의 묘소는 천하명당이다. 조선 왕조를 창건한 태조 이 성계의 5대 조부의 묘소(준경묘)는 강원도 삼척시 미로면 활기리에 소재해 있고 태조

이 성계의 5대 조모의 묘소(영경묘)는 강원도 삼척시 미로면 동산리에 소재해 있다.

지금으로부터 약 700여 년 전에 강원도 삼척의 첩첩산골에다 천하명당을 찾아서 조상의 유골을 모시는 정성이 대단하다.

선조의 지극한 정성으로 그의 후손 또한 조선왕조를 세울 수 있는 태조 이 성계 같은 큰 인물을 배출하였다. 현대사회에는 문명이 발전하고 교통이 편리해졌는데도 그곳을 한번 가 보려면 여간 힘든 것이 아니다.

약 700여 년 전에는 그 아래까지 자동차가 들어가는 것도 아닐 텐데 걸어서 그 높은 산골짜기에 명혈을 찾아서 조상을 모신 것을 보아서는 몇 백 년 전부터 가문에 정성을 쏟아왔다는 것을 알 수 있다.

태조 이 성계의 증조부께서는 힘이 장사였는데 집이 워낙 가난하여 남의 집에서 머슴살이를 하였다는 것이다. 하루는 나무 짐을 산에다 세워놓고 쉬고 있는데 아래쪽에서 노스님과 동자스님이 길을 가다가 명당자리에 대해서 이야기하는 것을 엿듣게 되었다.

당장 달려가서 스님을 붙들고 살림이 가난하여 부모를 좋은 자리에 모시지 못하고 있는 실정이니 명당자리를 자신에게 달라고 스님에게 엎드려 절을 하고는 통사정을 하였다. 하지만 명당이란 그리 쉽게 얻어지지는 않았다. 스님 역시 부모를 좋은 길지에 모시겠다는 마음은 좋으나 장소를 알려 주어도 쓰지를 못할 것이라 하였다.

그 장소는 소 백 마리의 머리를 가져다가 제사를 지내고 묘를 써야 한다는 것이었다. 그러자 그렇게 할 테니 그 명당이 어디 있는지만 알려 달라고 애원을 하자 스님은 그 장소를 알려 주었다. 그리하여 장소는 알아냈지만 소가 한 마리도 없는 처지라 백 마리의 소를 구할 방법이 없었다.

며칠 몇 날 밤을 뜬 눈으로 세워가면서 생각하던 끝에 좋은 묘안이 떠올랐다. 마침 그가 몸담고 있던 주인집에 백소 즉 흰 소가 한 마리 있었으므로 그 소를 가져다가 제를 지내고 부모님의 유골을 천하길지인 그 명당에다 모시고는 아예 함경도로 도주를 했다는 설화가 전해져오고 있다.

이 곳에 산은 태백산맥의 줄기라 태산이지만 주산은 장엄하고 주산에서 뻗어 내려온 기복의 변화가 없는 터라 한참을 올라가게 되는데 용세의 기복 변화는 없지만 직선으로 내려온 용맥(龍脈)은 대단히 힘이 있고 생기가 있다.

육가원칙에 따르면 입수가 뚜렷하지 않으므로 자칫하면 명당이 아니라고 착각할 수 있으나 입수는 왕입수에 입수가 바로 혈판을 깔고 앉아서 당판이 입수에 푹 쌓인 격으로 전순이 받쳐 주고 있는 양혈로써 보국이 잘 이루어졌다.

산이 높으면서 청룡과 백호가 안산의 문필봉으로 장엄하게 이루어졌다. 산의 형태는 갑옷같이 중첩하였고 멀리서는 장풍(長風)을 막아서 생용(生龍)의 氣가 감돌게 되었다.

천옥 같은 산골짜기에서도 멀리 바라볼 수 있는 길사격으로 천하의 명당임을 알 수 있다. 토질과 수심이 좋은 관계로 앞쪽에는 소나무가 삼발처럼 자라 있고 어느 하나 흠잡을 데 없는 길지이다.

과거 700여 년 전에 이렇게 정성을 들여서 천하 명당을 쓰고 공을 들여서인지 조선왕조 오백년을 지켜왔으리라 생각을 하게 된다.

명당의 발복이란 첫째는 그 혈판의 오기(五氣)와도 관계가 있겠지만 혈이 맺어진 높이와 혈토와 관계가 있고 또 주변 국세와도 상관이 있으며 아울러 청룡이나·백호 주산과 안산 모든 것에 비추어 볼 때 하나도 소홀히 해서는 안 되는 것이 풍수지리에서 명당의 이론이다.

한 가지 화복(禍福)을 논 할 수 있는 것은 묘지를 둘러싼 산들이 문필봉으로 이루어져 있는데 이 산들은 오봉(五峰)으로 되어 있어서 태조 이 성계의 5대조 할머니 묘소인 영경묘와의 중간 지점을 가로 질러 산이 5개의 봉우리가 장엄하게 펼쳐져 있다.

그래서인지 묘를 쓰고 5대째 가서 크게 발복을 하였고 그 발복의 기운이 500년을 이어져서 조선 왕조가 500년을 이어져왔다는 내력이다.

이러한 것은 우연의 일치가 아니라 오직 풍수지리의 학문에서만이 논(論) 할 수 있는 것이다.

땅은 임자가 따로 있다

[명당지에서]

땅은 임자가 따로 있다고 하게 되면 주인 없는 땅이 어디 있나 할런지 모르겠다. 그러나 그런 뜻에서 하는 말이 아니다. 옛날부터 전해져 내려오는 말에 의하면 명당자리에는 반드시 그 곳에 묻힐 사람이 정해져 있다는 뜻이다. 가령 지금은 주인이 다를 지라도 그 땅에 묻힐 임자가 나타나게 되면 땅이 판매가 되거나 사정에 의해서 그 임자가 묻히게 되는 것이다. 그것은 일반적인 땅과는 차원이 다르다는 말이 된다. 요즘 같이 땅값이 비싸더라도 인연에 의해서 임자를 찾아가게 되고 계속 해서 돌고 돌아가는 것이 만물의 이치이다.

더구나 氣가 많은 명당이라면 옛날부터 누구에게나 문을 열어 주지 않는다는 뜻이다.

그것은 각자의 주택도 마찬가지이다. 주인이 오게 되면 마음대로 문을 열고 드나들 수가 있지만 타인은 남의 집에 함부로 들어가지 못하는 것이나 다를 바 없다.

위의 사진이 있는 곳은 천하의 길지임에도 임자가 나타나지 않아서인지 비어 있는 곳이다.

명당은 쉽사리 눈에 띄지 않을 뿐 아니라 설령 보인다 해도 고궁이나 문화재 또는 남의 땅이라면 함부로 묘를 쓸 수 없는 입장이다. 그러나 위에 보이는 명당은 산책로의 길 주변이 되어서 오고 가는 많은 사람들에게 좋은 기운을 제공해 주고 있다.

비어 있는 명당자리

[비어 있는 명당자리]

우리나라에 풍수지리가 들어와 발전한지 천여 년의 세
월이 지나면서 많은 사람들이 풍수지리에 매혹되어 조상
을 길지인 명당에다 모시려고 많은 노력을 해왔다. 그러나

이 사진의 명당도 수많은 사람들이 수 백 년 내지는 수 천 년을 살아오면서 이곳을 지나다니면서도 명당자리를 알아보지 못해 아직까지 비어 있는 곳이다.

풍수지리를 연구하면서 많은 사람들에게 요즘에도 명당이 있습니까? 라는 질문을 받게 된다. 오랜 세월 속에 일류가 살아오면서 좋은 명당은 다 골라서 쓰고 근좌에 와서는 무해지지도 구하기가 힘든 것이 아니냐는 의견이다.

만약 그렇다고 보면 명당이 남아 있을 리가 없다. 그러나 실상은 그렇지 않다. 서두에 말했듯이 땅은 임자가 있다고 했다.

가령 명당이 있는데 그 명당의 주인이 나타나지 않으면 사람들의 눈에 잘 띄지 않아서 쓸 수가 없는 것이다. 그리고 한 가지 덧붙여서 이야기 할 것은 명당은 영구불변하다는 것이다. 수 천 년 수 만년이 지나도 명당은 남아 있게 된다. 명당은 소멸이 되고 다시 만들어 진다는 것을 알아두었으면 한다. 그것은 땅이 살아서 움직이고 있기 때문에 지각의 변화와 토질의 박환으로 인하여 명당은 순환하게 되는 것이다.

이 사진에서의 산은 와겸유돌에서 돌혈(突穴)로써 양기(陽氣)가 충만하여 큰 인물이 나고 부를 누릴 수 있는 명당이다. 그래서 임자를 기다리고 있다. 그런데 돈과 재물만 있다고 해서 이 땅이 얻어지는 것은 결코 아니다. 과거에는 돈이 있으면 벼슬도 산다고 했지만 명당은 돈이 있어도 사지 못한다.

가령 명당을 가진 자라면 명당을 팔아먹는 사람이 없을 테고 명당을 볼 줄 아는 지관도 그리 쉽게 나타나지 않는다. 그래서 과거부터 명당자리에 묻히려면 3代를 적선(積善)을 하고 효자 자식을 많이 두라고 한 말이 여기서 나온 말이다.

영월 단종묘 명당에 얽힌 사연

[강원도 영월 소재. 단종 묘 장릉(莊陵)]

　조선왕조 500년 중에서 단종은 조선조 초기 제 6대 왕으로 27대 조선 왕조 중에서 가장 어린 나이로 승하 하신 왕이다. 조선 왕조 27대 왕 중에서 천하 명당에 묻힌 왕은 태조 이 성계와 단종이 유일하다.

강원도 영월에 있는 단종묘인 장릉(莊陵)은 천하명당으로 풍수지리를 연구하는 사람이라면 누구나 한 번쯤 답사를 하였을 것이다.

혈상(穴象)을 보는 데에는 입수(入首)와 선익(蟬翼) 당판(當坂)에 이어서 전순(氈脣)이 잘 받쳐 주었는지를 보게 되는데 고서에서는 전순에 이어서 맥(脈)이 다시 살아나와 덩어리가 뭉치게 되면 비혈이라 하게 되는데 장릉의 특징은 입수가 너무 퍼져 있으나 유심히 살펴보면 혈이라는 것을 알 수 있다.

단종은 1452년 문종의 뒤를 이어 왕위에 올랐는데 그 전에 문종은 세자가 나이가 어린 것을 염려하여 신하들에게 세자가 즉위하여 왕이 되었을 때 보필을 잘하라고 부탁을 하였다.

그런데 다음해 단종을 보필하던 몇몇 신하들이 단종의 숙부인 수양대군에 의해 제거당하고 수양대군이 모든 권력을 장악하게 되었다. 단종은 단지 허울뿐인 왕이 되자 수양대군에게 왕위를 물려주게 되었다.

성삼문, 박팽년 등은 단종의 복위를 도모하다가 발각되어 모두 처형된 후 단종도 노산군으로 강봉되어 강원도 영월에 유배되었다.

노산군은 끈질기게 자살을 강요당하여 이윽고 영월에서 죽음을 맞이하였다. 당시 단종에 시신을 거둔 자는 삼족을 멸한다는 세조에 엄명이 내려졌기 때문에 단종에 시신은 염습도 못한 채 그대로 버려져 있었다.

일설에 의하면 영월의 호장 엄홍도는 아무도 시신을 거두려 하지 않을 때 미리 준비한 관을 짊어지고 자신의 아들과 함께 단종의 시신을 수습하여 장례를 치르고 몸을 숨겼다고 한다.

엄홍도는 그 당시 관을 지고 산으로 올라가는데 눈이 하도 많이 내려서 땅을 잘 구분할 수 없었다고 한다. 그때 마침 노루 한마리가 자리에 앉아 있다가 달아나는 것을 보고 그 곳에 눈이 녹아 있어서 잠시 쉬었다가 다시 올라가려하는데 관이 땅에서 떨어지지 않았다고 한다.

하는 수 없이 엄홍도는 그 자리에 단종에 시신을 모시게 되었다는 이야기다.

당시만하더라도 시신이 물이 떠 있었다는 이야기도 있었고 그 시신에 손을 대는 자는 삼족을 멸한다는 방이 붙어 있었는데 엄홍도는 관료의 신분으로 목숨을 걸고서 아들과 함께 시신을 수습하여 장사까지 지냈다는 것이다.

단종이 묻힌 강원도 영월의 장릉(莊陵)은 장엄한 강원도의 높은 산세에 주산이 힘차게 흘러내려와 왕입수에 당판을 이루고 내팔거팔(來八去八)하여 괴혈(怪穴)로 이루어졌다. 와겸유돌(窩鉗乳突) 중에서 돌혈(突穴)에 해당이 된다.

지성이면 감천이라 하더니 그 시절만 하더라도 단종의 시신에 손을 대었다가는 삼족을 멸한다는 것으로 감히 시신을 거두었다가는 가문의 몰락을 감수해야 했으나 엄홍도는 자식을 데리고 치산을 하였으니 이 어찌 충신이 아니라 할 수 있으며 하늘이 감동하여 명혈을 정하고 땅이 문을 열어 주었다고 생각되는 것이다.

영조 때 엄홍도의 충절을 후세에까지 널리 알리기 위해 장릉에는 정여각이 세워졌고 현종 때에는 엄홍도의 자손이 등용되기도 하였다.

풍수지리는 효(孝)에 근본을 두고 있는 것으로 지극한 정성과 효심이 없이는 명당에 치산을 하지 못하는데 엄홍도 역시 목숨까지 걸었던 충성심으로 명당에 단종 임금을 모시게 된 것이다.

조선왕조 27대 왕 중에서 건원릉(태조 이 성계 묘)과 장릉(단종묘)만이 천하명당이다. 그 당시에 궁 안에서 풍수사를 양성하고 전국에서 풍수를 잘 보는 풍수사에게 벼슬을 주기도 하였으나 그들도 천하명당을 찾는 데에는 한계가 있었던 모양이다. 그래서 돈과 권력만으로는 명당을 쉽게 얻을 수가 없는 것이리라.

신사임당 태어난 터 천하명당이다

신사임당과 율곡 이이가 태어난 집이 오죽헌(烏竹軒)으로 터는 천하명당이다. 신사임당은 조선 중기 서화가로 본관은 평산이고 호는 사임당(師任堂)이며 율곡 이이의 어머니로써 오늘날까지도 훌륭한 한국의 어머니 상으로서

존경을 받고 있다.

조선 중기 1504년 강원도 강릉 북평촌(지금의 오죽헌)에서 태어나서 머리가 영리하고 명석하여 어릴 때부터 예술에 대한 감각이 뛰어나 풀 한포기 꽃 한 송이 벌레 한 마리도 소홀히 대하지 아니하고 소중히 여겨서 화폭에 담곤 했다.

어느 날 신사임당은 화선지에 벌레를 그려서 마당에 말려놓았는데 닭이 와서 실제 벌레인 줄 알고 쪼아서 화선지에 구멍이 뚫렸다는 설화가 있을 정도이다. 손재주가 얼마나 뛰어났는지 알 수 있는 대목이다.

신사임당은 자라나면서 학문과 시서화(詩書畵)를 겸비하고 바느질과 뜨개질이며 예절 또한 반듯하였다.

부모에게는 효도하고 남편과 자식에게는 현모양처로서 남편을 하늘처럼 섬기고 존경하는가 하면 아들에게는 어질고도 엄하고 자상한 어머니에 미덕을 겸비하였다.

당시에도 강릉 뿐 만 아니라 전국에서 모범이 되는 어머니 상으로 칭송을 받았고 수 백 년 지난 지금까지도 많은 사람들에게 본보기가 되고 있는 것이다.

신사임당은 맑고 깨끗하고 氣가 많은 명당 터에서 태어나 맑은 氣를 받으며 자라서 큰 인물이 되었다.

[율곡이 태어나 어린 시절을 보낸 오죽헌]

강원도 강릉에 위치한 오죽헌의 지세는 태백산맥의 줄기가 뻗어오다가 하나의 지맥이 동해 바다를 휘감으면서 국세를 만들었으며 대관령을 주산으로 하고 강릉시내로 들어가서는 음맥(陰脈)으로 맥이 흘러 백호작국(白虎作局)을 이루어 장풍을 막아주고 보국이 되었으며 태조산은 설악산이요 장엄한 산맥은 주산을 만들었고 주산 아래의 음맥으로 숨어들면서 마치 용이 기어가듯이 결혈처(結穴處)에 가서 고개를 살며시 드는 형세이다.

토질이 밝고 단단하여 생기가 넘쳐흘러서 양명하고 낮으면서도 높아 보이는 형상을 하고 있는데 이 집터에 대

나무가 처음에는 푸르다가 점차로 붉게 되면서 나중에는 검게 된다.

이것은 필시 氣를 너무 많이 받아들임으로써 일어나는 현상으로 이러한 천하명당에서는 주기적으로 훌륭한 인물이 태어나게 된다. 길지에서 태어나서 자라면 머리가 맑고 총명하여 큰 인물이 된다함은 인간은 태어나면서 또는 살아가면서 좋은 氣를 받게 되면 마음이 맑고 건강하며 머리가 좋아진다는 뜻이다.

그리고 주역에서는 음양의 조화가 반듯하고 기울지 않아야 맑고 깨끗한 氣가 생산된다고 하는 것이다. 이러한 대자연이 만들어낸 길지에서 태어나서 어린 시절을 보내게 됨으로써 감성이 풍부하고 지혜가 있는 대학자가 탄생하게 되는 것이다.

회암사의 옛 절터

[경기도 양주시 회암사의 옛 절터]

회암사는 1328년에 인도에서 원나라를 거쳐 고려에 들어온 지공이 인도의 아라난타사(阿羅難陀寺)를 본떠서 대규모로 창건한 사찰이었다.

1374년 이후 중건 되었고 조선시대에 이르러 다시 중건 되었다. 그 후 폐사되었던 것을 1821년에 지공·나옹·무학 등 세 승려의 부도와 비(碑)를 중수하면서 옛터의 오른쪽에 작은 절을 짓고 회암사의 절 이름을 계승하였다.

다시 말해서 회암사는 지공스님이 처음 건립한 이후로 보우 스님이 거처하기까지 약 200년간 크게 번창을 하다가 그 이후 절의 세력이 계속 기울어지면서 19세기 초에 폐사가 되었다. 위 사진은 회암사의 옛 절터이다.

회암사의 옛 절터는 8개 구역으로 이루어져 석축 벽까지 단을 차이 나게 건물을 조성하였으며 지금까지 확인된 건물이 약 300여 개소에 이르는 대단히 규모가 큰 절이었다.

그러나 아무리 대규모의 절이라도 그 터가 좋지 못하면 오래 견디지 못하고 없어지거나 중도에 폐허가 되는데 회암사의 옛 절터 역시 풍수지리 적으로 볼 때 조건이 모두 갖추어지지 못했다는 것을 알 수 있다. 그리고 현대에 와서는 회암사와 같이 큰 대규모의 절이 어느 시기에 어떻게 폐사가 되었는지도 정확하게 알려지지 않고 있다.

무학대사 사리탑 천하명당

[경기도 양주시 회암사 소재. 무학대사 사리탑]

　무학대사는 고려 충숙왕 때 경남 합천군 삼가면에서 태
어났다. 지금도 합천댐 아래쪽에는 무학대사의 생가 터가
있는데 조선왕조 창건 당시 국사로 있었던 무학대사는 12

살에 입산하였으며 도안하여 전국 산하를 돌면서 산리를 두루 살펴 명혈을 찾아 주기도 하였으며 많은 설화를 남겼고 그 당시에 타 충신들과는 달리 남다른 처세술로 왕사에 신임을 얻었으며 태조 이 성계를 도와서 조선 왕조를 세우게 되었다. 이러한 정황을 볼 때 특히 무학대사는 천년을 내다 볼 줄 아는 도인이었음을 짐작케 한다.

현재의 서울(한양)의 자리도 천년을 내다보고 자리를 잡았다고 하며 600년이 지난 오늘날에도 수도 서울은 무난히 발전을 해 가고 있다.

그리고 건원능인 태조 이 성계의 명당자리도 무학대사가 잡았는데 일설에 의하면 무학대사는 어린 나이에 입산하여 전국 명산지를 돌아다니다가 17세에 홀어머니가 계신 합천군을 들렸다고 한다.

연로한 어머님께 안부를 물으니 어머님이 하시는 말씀이 다른 거야 어쩔 수 없지만 산골 오두막인지라 아래 언덕에서 칡넝쿨이 자라서 올라와 마당을 덮고 심지어는 지붕까지 덮어버리는데 아무리 잘라도 또 올라오고 해서 못 견디겠다고 하시는 것이었다.

그래서 무학대사는 앞으로는 다시는 칡넝쿨이 올라오지 못하게 하겠다고 하더니 손으로 몇 번 휘저었는데 이후 칡넝쿨은 올라오지 않았고 수 백 년이 지난 지금도 칡넝쿨이 자라지 않고 밸밸 꼬여 있다는 이야기다.

도(道)를 닦아서 통달한 무학대사는 어린시절부터 신통한 경지를 보였다고 한다. 이후에도 천년을 내다보는 혜안을 가졌던 것이다.

경기도 양주군 회암사에 무학대사의 사리탑이 있는데 본래 회암사지 터는 불이 나서 황폐화되었고 그 곳에서 약 400~500m 산 중턱으로 올라가면 무학대사의 사리탑이 봉안이 되어 있다. 이 장소는 천하명당이다.

혈을 보는 데 있어서 오악을 살피니 어느 한 곳도 치우친 데가 없고 밝고 생기가 있는 천하명당이라는 것을 알 수 있고 바로 옆에는 새로 지은 회암사의 작은 절이 있다. 사람은 만물에 영장이라고 하는데 하물며 이 세상에 태어나서 100년 가까이 생을 살다가 저 세상으로 가는데 아무런 조건 없이 무의미하게 가고 마는 것이 아니다.

각종 종교에서도 극락과 천당이 있다하여 지극 정성을 다하여 기도를 하는 예만 보더라도 인생이 살다가 죽음으로써 모든 것이 끝나고 마는 것이 아니다.

천년을 내다보았다는 무학대사가 사리탑을 천하의 명당 길지에 자리를 잡은 것은 앞으로도 많은 후세들이 이 곳에서 생기가 충만한 좋은 氣를 받을 수 있도록 배려한 것이 아닌가 하는 생각이 든다.

지공 대사 사리탑

[경기도 양주시 회암사 소재. 지공대사 사리탑]

지공(指空) 스님은 원래 인도 사람으로 원나라를 거쳐
고려 충숙왕 때 회암사 터에 들어와서 오래된 섬돌과 주
춧돌로써 회암사를 건립하였다.

현재에는 빈 절터만 남아있는데 지공대사 사리탑은 이 절터에서 한참 올라가서 재건된 회암사의 바로 옆 좌청룡에 해당하는 곳에 모셔져 있다. 그 아래에는 나옹 선사의 사리탑이 모셔져 있고 맨 아래에는 무학대사의 사리탑이 모셔져 있다. 이 중 무학대사의 자리만이 천하에 명당이다.

일반 사람들은 흔히 전경이 좋고 자리가 좋아 보이면 명당이라고 말하게 되는데 학문적으로 명당이란 주산에서 내려오는 맥이 지각의 변화를 잘 이루어야 하고 입수가 있어야 하며 혈판을 감싸 주는 좌우의 선익이 뚜렷해야 한다.

또한 당판을 받쳐주는 전순이 있어서 당판에서 氣가 빠져 나가지 못하게 받쳐 주어야 하는데 이러한 오악에 의해서 혈이 이루어지지 않으면 명당으로 보지 않는 것이다.

한 때는 무학대사의 사리탑이 있는 자리가 천하 명당임을 알고 이 탑을 옆으로 옮기고 다른 사람들이 묘를 쓴 일이 있다고 한다.

아마도 이 때는 정책적으로 불교를 탄압하던 시절이 아닌가 싶다. 이후 불교가 융성하면서 스님들이 무학대사의 사리탑을 원위치에 다시 모셨다는 것이다. 현재에도 많은 사람들이 이 회암사를 들러서 명당의 좋은 氣를 받아가고 있다.

나옹 선사 사리탑

[경기도 양주시 회암사 소재. 나옹 선사 사리탑]

나옹(懶翁) 선사는 고려 말의 고승으로 20세에 스님이
되어서 전국의 사찰을 돌며 수행을 하였고 이후 회암사의
주지가 되었으며 공민왕의 왕사이기도 하였다.

맨 위에는 지공 선사의 사리탑이 모셔져 있고 중간에 나옹 선사의 사리탑이 모셔져 있다. 지공 대사는 나옹 선사의 스승이고 나옹 선사는 무학대사의 스승이므로 그 순서대로 위에서 아래로 차례대로 모셔져 있다.

우리나라에서는 통일신라시대에 불교가 융성하면서 화장법이 성행하였다.

일반인들이 생각을 할 때에는 화장을 하고 나면 육체가 없어진 것인데 명당에다 모셔두면 무엇하겠냐고 할 수 있다. 그런데 불교에서는 사리를 중요시한다.

과거 수천 년 전부터 부처님도 사리가 있어서 사리를 봉안하였고 고승이 죽게 되면 화장을 해도 사리가 남게 된다. 그런데 아무래도 일반인들의 유골이나 불자들의 사리나 다를 바가 없다고 생각 되는 것이다. 그래서 도안을 한 고승들도 이렇게 사리탑을 천하의 명당길지에 모셔 두는 것이 아닌가 싶다.

절터는 명당의 조건을 갖추어야 한다

[경기도 양주시 회암사 옛 절터]

회암사는 고려말경에 창건이 되었으나 오랜 세월을 견디지 못하고 폐사가 된 데에는 풍수적인 영향이 크다. 우리나라에는 이보다 오래 된 사찰이 많이 있는데 어느 절이라도 큰 사찰에 역사가 오래 된 절들의 공통점은 하나같이 명당에 조건을 두루 갖추었다는 점이다.

회암사의 옛 절터를 풍수지리적으로 분석해보면 우선 사진에서 나타나 있는 것처럼 주변에 산이 약하고 우측의 우백호의 어깨가 잘록하게 꺼져 있는 것을 알 수 있고 좌측에 좌청룡에 해당이 되는 산은 마치 지렁이가 기어가듯이 가느다란 산맥이 일자로 누워 있다.

풍수지리에서 좌청룡은 너무 높아도 너무 낮아도 문제가 되는데 좌청룡이 지각의 변화가 없고 일자로 누워 있는 형태가 되어서 좋지 못하다.

절이란 스님들이 선(善)을 쌓고 지성으로 공부를 하여 깨우침을 얻는 장소라면 마땅히 산세가 수려해야 하는데 회암사의 옛 절터는 주변의 산이 너무 낮아서 앞에 있는 들판이 넓게 펼쳐져 있는 것이 흠이 될 수 있다.

그래서 당시 제일가는 규모의 절이 어느 시기에 폐사가 되었다는 것은 이처럼 풍수지리적으로 맞지 않는 것이다.

일반 가정주택도 마찬가지이다. 풍수지리적으로 적합하지 못하면 오래 견디지 못하고 집터만 덩그러니 남아있게 되는 것을 볼 수 있다.

집을 하나 지어도 반드시 풍수지리적으로 터를 보고 건축을 할 때에도 풍수지리를 잘 보아서 양택에 맞게 잘 맞추어 짓는 것이 좋다.

우리나라에서 오래도록 역사를 이어온 사찰들은 한결같이 풍수지리적으로 구조가 완벽하게 잘 짜여져 있다. 그러나 과거에는 규모가 큰 절이었으나 현재에 폐허가 되어 있는 절터를 살펴보면 풍수지리 적으로 좋지 못하고 주변의 국세가 좋지 못하여 미약한 점들을 쉽게 발견 할 수 있다.

뿐만아니라 전국 각 지방마다 다녀보면 과거에 절이 있다든가 아니면 주택이 있는 공터를 쉽게 발견할 수가 있는데 한결같이 공통점은 터가 좋지 못하다는 점이다.

그래서 우리는 집을 짓거나 절을 짓거나 아니면 건물을 지을 때 풍수지리적으로 어느 정도는 꼭 보고서 지어야 한다는 것을 알 수가 있다.

현재 회암사의 법당

[경기도 양주시 회암사. 신축(新築) 법당]

현재의 회암사는 새로 신축한 절이다. 과거에 절터가 있는 지점에서 400~500m 위에 올라가서 지어져 있다. 이곳은 지공 대사와 나옹 선사 그리고 무학대사의 사리탑

바로 옆에 자리하고 있다.

회암사는 위치가 약간 높이 올라가서 아래로 내려다 볼 수 있는 지역으로 무학대사의 사리탑이 모셔져 있는 터가 좌청룡이 되고 우백호가 잘 감아 주고 있다.

절이 있는 터가 명당이라기보다는 좌청룡이 천하의 명당 길지로서 과거에 무학대사가 회암사에서 기거를 했다고 하니 먼 훗날 회암사의 절이 이 곳에 들어설 것을 예측하고 이 곳에다 사리탑을 정한 것으로 여겨진다.

따지고 보면 절이란 한번지어지면 오랜 세월을 거치면서 많은 불자들이 이 절에 와서 좋은 氣를 받아가게 된다.

그래서 절이 지어지는 장소는 어느 장소보다도 맑은 氣가 감도는 명당자리에 지어져야한다는 생각이 든다. 그리고 실제로 우리나라에 사찰이 있는 장소치고 명당이 아닌 곳이 거의 없으며 천하의 명당임을 알 수가 있다.

대부분 절에 가서 열심히 불공을 드리는 사람들은 깊은 사연이 있거나 심신이 불편한 이들이 많다. 그래서 좋은 氣가 많은 절에 가서 불공을 드림으로서 심신이 달련되는 이치이다.

명당은 있다
현장감정예

제4장

淸風高節崙齊

명당에 자주 가면 무병장수 한다

풍수지리를 공부하다보면 매우 과학적인 학문이라는 믿음을 가지게 된다. 우리는 과거부터 조상을 명당에 모시게 되면 조상의 음덕으로 큰 인물이 배출이 되거나 부자가 탄생한다는 생각을 가지고 있다.

최근에 많은 이들은 명당을 공부하면서 현지답사를 통해서 과학적으로 명당의 효력을 밝혀내고자 많은 연구를 하고 있다.

누구나 명당이 아닌 곳을 간산(看山)하고 나면 몸이 나른하고 힘든 반면 명당을 다녀온 날에는 몸에 氣가 충전이 되어 몸이 가뿐하고 머리가 맑아지는 것을 느끼게 된다.

어떤 이는 몸에 허열이 많았는데 명당에 한두 번 갔다오고는 허열이 말끔히 없어지는 일도 있었다. 그래서 많은 사람들은 풍수지리에 매력을 느끼는 것이고 명당을 찾아서 열심히 간산을 가게 되는 것이다.

앞으로도 현대인들은 풍수지리에 대한 불신감을 해소시키고 과거 낡은 학문으로만 보지 말고 좀 더 과학적으로 한걸음 다가 설 수가 있게 되기를 바란다.

과거 주역에서는 인간이 이 세상에 처음 태어날 때 울음을 터뜨리는 순간 주변에 있는 氣를 빨아들여 인체에서 가장 중요한 기관인 신장에다 그 氣를 감춘다고 하였다. 그래서 그 氣로써 일생을 살면서 힘과 지혜를 발휘하면서 살게 된다.

현대 사회에서는 문화 산업이 발전하면서 대기 오염이라든지 산업 폐기물이라든지 공기가 탁한 관계로 인하여 인체가 쉽게 병들거나 불치병이 많이 발생하고 있다.

이럴 때 일수록 산천 정기가 감돌고 있는 명당자리에 가서 氣를 받아오게 되면 맑은 정신을 유지할 수 있을 뿐만 아니라 소모되는 인체에 氣를 보충해 나간다면 필시 건강을 유지하면서 보약을 먹는 것 보다 더욱 효과적이라는 것을 느낄 수 있을 것이다.

부모나 조상의 묘소가 명당에 있다면 그 곳에 자주 다녀옴으로써 명당에 氣를 받아 오는 것은 물론이요 부모와 조상께 효도하는 길이 될 것이다.

특히 일반 사람들은 시간에 쫓기다 보면 풍수지리에 관심을 가지고 연구할 수 있는 기회가 주어지지 않는 관계로 명당은 물론 좋은 땅이 어디인지도 알지 못한다. 그러므로 부모나 조상을 모실 때 좋은 땅 즉 氣가 많은 땅을 잘 골라서 무덤을 한다면 이것은 먼 후손에까지 좋은 영향을 미칠 것이다.

혈(穴) 안에는 황골(黃骨)이 된다

[혈(穴) 안에 황골(黃骨)]

풍수지리에 꽃이라면 혈(穴)이다. 혈이란 바로 명당을 말함이다. 과거나 지금이나 풍수지리를 연구하는 사람들은 많지만 정녕 혈을 바로 짚는 사람은 그리 흔하지 않다.

겉으로 보기에는 천하에 명당 같아도 시신을 묻어서 유골이 황골로 변하지가 않았다면 그 곳은 혈처가 아니다.

그래서 옛날부터 자리를 잡고 나서 진짜 명당인지 알기 위해서 위선(僞先)이라는 제도가 있었다.

위선이란 부모가 돌아가시면 명당에 모시고 6~7년이 지나면 다시 파헤쳐 보는 것이다. 진짜로 명당이어서 유골이 황골로 변해 있다면 불순물을 제거하고 도로 그 자리에 묻어두는 것이다.

하지만 명당이 아니라면 유골이 새까맣게 또는 하얗게 되므로 이것은 다른 데로 다시 명당을 찾아서 옮기는 제도이다.

이것은 자손이 부모를 천하명당 혈에 모시고자 하는 효심에서 나온 제도로 과거부터 우리 조상들은 명당에 부모를 모시게 되면 부모의 유골이 몇 백 년이 지나도 훼손되지 않고 오래도록 모시고 보존할 수 있는 방법으로 명당자리를 찾았고 명당을 찾으려고 전국 방방곡곡을 헤매고 돌아다닌 때도 있었다.

명당을 찾기만 하면 아무리 보잘 것 없는 가문이라도 명문 가문으로 바꿔놓기 때문이다. 그러나 부모를 명당에 모시고자 하는 진정한 마음은 이승에서 자식들을 키우느라 고생만하고 돌아가신 부모님이 저 세상에서나마 맑고 깨끗한 氣가 감돌고 있는 땅에 묻혀서 영화를 누리도록 해드리는데 그 목적이 있다고 보는 것이다.

그래서 부모님의 유골은 몇 백 년 내지는 천 여 년 동안 영구히 손상이 되지 않고 보존함으로써 그 후손들도 그 氣를 전달 받아 건강하고 가업이 번창하는 것이다.

우리나라는 조상의 뼈가 산에 묻혀 있어서 산에 자식이라는 말이 있다. 그래서 그 후손들은 나무의 꽃과 열매가 될 것이며 나무가 무성하려면 나무의 뿌리가 건강해야 할 것이다.

명당 쓰면 부귀하다

[충청남도 공주시 소재. 명당지]

충남 공주시 우성면 금강 유역에 좋은 명당이 있으니 봐달라는 요청을 받고 그 곳에 감정을 가게 되었는데 아니나 다를까 금강을 끼고 뻗어 내려온 용세(龍勢)는 너무나 좋았다.

충청도 지방은 대체로 산세가 좋다. 특히 이 곳은 산들이 몽글 몽글하게 잘 생긴데다가 토질이 너무나 밝고 기(氣)가 충만한 것이 사실이다.

명당을 볼 때 입수처(入首處)를 보게 되는데 입수 뒤에는 후장(厚葬)이 넉넉하고 툭 튀어나와 있으므로 더 없이 좋은 명당이었다.

아쉽게도 명당 혈(穴) 자리만 비어 놓고 아래, 위로 묘를 써 놓은 상태였다.

더 관심을 가지고 아래쪽을 내려오면서 토질을 살펴보니 비석비토(非石非土)에다 속기(束氣) 입수처가 되어 속발(速發)한다는 증거를 발견했다.

이것은 토질 속에서 계란 덩어리처럼 보이는 토란토(土卵土)라는 토질이 발견되었고 이것은 오랜 세월이 흐름으로서 박환(剝換)이 잘 되었다는 것을 말해 주고 있다.

힘찬 용맥과 넉넉한 당판에다 선익과 전순이 명당의 증거요, 주위 보국이 잘 되어 환상적인 느낌이었다. 자연을 감상하면서 우주 대자연의 오묘함을 느끼게 되는 것처럼 풍수지리에 관심을 가진 사람이라면 누구나 이 같은 느낌이었을 것이다.

그런데 처음 올라갈 때부터 바로 옆 능선이 좋다는 생

각이 들어서 물어보게 되었다. 그 곳에 명당이 있겠는데 누구의 묘가 있느냐고 물어 보았다.

그 사람의 말인 즉, 그 곳은 공주 부자의 묘인데 그 부자가 자기네 종산(宗山)으로 묘를 옮겨가고 재산이 파산하고 말았다고 했다.

그리고 옮겨간 그 묘 자리를 사서 본인에 부친의 유골을 모셨는데 현재에 공주에서 제일가는 부자라고 했다. 아마도 이것은 전설 같은 이야기 같지만 사실이다. 그래서 옛날부터 우리 조상들은 명당을 찾아서 전국을 순회하고 찾아 다녔는지 모를 일이다.

명당을 치산한 모양

[명당을 치산(治山)한 모양]

　명당이란 본래 인력으로 만든 곳이 아니라 자연의 땅에
서 자연 스스로 만든 곳이다. 그런데 풍수지리를 잘못 이
해하는 사람들은 명당에 묘를 쓰면서부터 땅을 훼손하고

더구나 석물을 여기저기 가져다 놓고서 명당에 본질을 많이 훼손하고 있다.

위 사진과 같은 곳은 흙으로만 봉분을 해 놓고 석물은 일체 갖다놓지 않은 채 치산을 한 곳이다. 묘지 앞에 석물을 웅장하게 가져다 놓게 되면 자연이 오염이 된다.

옛날에는 망자가 국가에 충성을 했다든지 부모에게 효행을 했다든지 또는 고을에서 모범이 되어 그 행적을 기리기 위하여 국가에서 비문이 하사가 되었을 때에만 큰 비석을 세웠다.

그러나 근래에는 그러한 공로는 안중에 없고 재산이 넉넉하다하여 큰 비석과 상석을 갖다놓게 되고 기타 석물들을 마구 가져다 놓는 폐해가 생기고 있다.

풍수지리에서 가장 금지하는 사항이 물과 돌이다. 아무리 양기(陽氣)가 많고 좋은 땅이라도 습기가 차게 되면 氣는 소멸이 된다.

돌은 물을 흡수하므로 그 성질이 매우 차서 큰 돌이 있는 곳에는 항상 습기가 많고 비가 많이 오면 물을 빨아 들였다가 수시로 외부로 뿜어내기 때문에 옛날에는 묘지 주변에 석물을 잘못 놓아서 집안이 망했다는 말도 전혀 근거가 없는 말이 아니다.

예를 들어서 묘지 주변에 잔디가 잘 자라고 氣가 충만

해 있다가도 큰 상석이나 비석을 무자비하게 세운다면 제일 먼저 그늘이 지게 되고 돌에서 습기를 받아 들여서 좋은 氣는 소멸이 되고 심하면 집안에 우환이 들게 된다.

　돌을 세우지 못하는 땅인데 비석과 상석을 함부로 가져다 놓았다가 그 집안이 풍지 박산이 났다는 말을 많이 하게 되는데 원인은 돌이 습기를 빨아들이게 되어서 점차적으로 양기(陽氣)가 소진이 되는 까닭이다.

연화부수형(蓮花浮水形) 명당

[충청남도 공주시 소재. 연화부수형 명당]

풍수지리를 연구하는 이들은 전국에서 명당이 많기로 소문이 난 충남 공주시에 연화부수형(蓮花浮水形)의 명당이 있다는 것을 잘 알고 있을 것이다. 과거 풍수사들은 연화부수형, 매화낙지형(梅花落地形), 금계포란형(金鷄抱卵形) 등 명당에 이름을 붙여서 부르곤 했다.

이 곳은 연화부수형의 명당이 된 곳으로 연화부수형이란 강물이 빙빙 돌아서 혈을 만들고 혈처(穴處)를 돌아서 지나가는 것으로 마치 물에 떠 있는 연꽃을 연상케 하여 물형론에서 붙여진 이름이다.

모든 명당의 이름은 사상론에서 와겸유돌(窩鉗乳突)의 4가지로 분류가 된다.

주산에서 맥이 꾸불꾸불 이어져 내려와서 혈이 맺히는 자리를 강물이 빙빙 돌아 내려가면서 감싸 주어 연꽃이 물에 떠 있는 형국이라 해서 붙여진 이름이 연화부수형이다.

이 명당의 주위에는 배 밭이 천 여 평이 있는데 배 밭속에서 돌출되어 사상론 중에 평지 돌혈(突穴)로서 매우 좋은 혈이다.

이 명당에 주인은 물질문명이 난무하는 시대에 명당을 수십억이라는 거대한 돈을 준다 해도 팔지 않고 부모를 모시는 천하에서 둘도 없는 효자라 한다.

명당을 팔아먹는 위인이 어디 있느냐는 말도 있지만 세상이 많이 변한 탓으로 근좌에는 재물이 많은 사람도 아니고 해서 매우 드문 일로 보는 것이다.

땅의 임자란 그 땅에 묻힐 사람을 말함이요, 세상의 모든 사람들은 즐겁게 생을 살다가 생명이 다하는 날에는 반드시 자기 자리로 찾아드는 것이 세상의 이치이다.

과거부터 명당에 묻히기 위해서는 본인이 좋은 일을 많이 해야 하고 자식이 지극 정성으로 효도하는 자식을 두어야 땅이 문을 열어준다고 하였다.

그래서 그런지 몰라도 물질에 매도되지 않고 부모를 모시는 효심(孝心)은 각박한 세상에서 귀감이 되는 것이다.

명당의 훼손

[명당의 훼손]

명당을 훼손하는 데에는 여러 가지 이유가 있다. 가령 일본인들이 우리나라의 강토를 훼손하는 것도 훼손이겠지만 우리는 좋은 명당을 잡아 놓고도 개개인의 욕심과 아집으로 명당을 훼손하는 경우가 많다.

남보다 더 화려하고 웅장하게 꾸미려는 욕심 때문에 그 좋은 명당을 훼손하여 망치는 일이 비일비재하다. 명당은 일정한 장소에서 한 치에 어긋남이 없이 육가원칙(六可原則)에 의해서 만들어지는데 명당에 대한 상식이나 식견이 없음으로써 마구 파헤쳐지고 화려함을 추구하려다 보니 대자연에 대한 오묘함은 허사로 돌아가고 마는 경우이다.

명당이 이루어지기까지는 수 천 년 내지는 수 만년, 수 억년에 걸쳐서 지각의 변동과 세월에 흐름에 의해서 박환(剝換)이 되는 것이다. 그러나 이것은 하루아침에 망가지는 경우가 있다. 자연이란 어디까지나 그 생김새와 모양을 그대로 살려서 자연의 힘에 따르면 되는 것이다.

자연이란 우리 인간의 눈에 보이지 않는 세월에 흐름에 따라서 변하고 있다는 사실을 알아야 한다.

우리는 자연을 존중하고 거대한 자연 속에서 자연에 기대며 정성을 쏟아 왔다. 그리고 우리의 조상을 대대로 산에 모셔온 관계로 산에 자식이라는 말까지 나오게 된 것이다. 명당을 보존하고 관리하기 위해서는 땅을 훼손하거나 파헤치는 일이 없어야 한다. 아무리 건강한 열매도 꼭지부분이나 껍질 부위에 상처를 내면 그 과일은 여물지 못하고 머지않아 곪아 떨어지고 마는 이치이다.

진시황릉(秦始皇陵)

[중국 산시성 린퉁현 소재. 진시황릉(秦始皇陵)]

이 사진은 진시황릉으로 진시황릉은 중국 산시성 린퉁
현 여산 남쪽 기슭에 위치한 구릉형태의 묘이다. 보기에는
산같이 보이지만 이 왕릉을 만들기 위해서 30여 년 간 공

사를 하였고 천상과 지상을 표방하여 지하궁전을 만들었다. 어떠한 보물이 얼마나 많이 들어있는지 아직까지 밝힌 바 없고 세계적인 유산으로 기록이 되어 있다. 우리나라의 남산에 버금가는 산으로 과거에 무덤을 할 때 수 천 명이 지하로 보물을 짊어지고 들어간 사이 비밀을 유지하기 위해서 밖에서 아예 봉해 버렸다는 이야기도 있다. 이 곳은 명당지에 자리를 정하여 토질이 밝고 氣가 많아서 오래도록 보존이 되고 있는데 중국인은 진시황릉 내부에는 대단한 유물이 많이 들어 있을 것으로 여기면서도 발굴할 생각은 하지 않고 있다.

그 이유는 그대로 두면 영구적으로 보존이 가능하지만 지상으로 끌어내면 훼손에 우려가 있기 때문이다.

특히 진시황제의 능을 지키도록 만들어진 인형 군대(병마용)는 한 농부가 우물을 파내려 가는데 병마용의 머리가 발견이 되면서 발굴을 하게 되었다.

처음 병마용이 지상에 들어났을 때에는 인형의 얼굴이 그대로 재현이 되었으나 햇빛을 보자 많이 산화가 되고 변형이 되었다고 한다. 병마용은 세계 8大 불가사이 중의 하나로 실제 사람의 크기로 하여 표정도 각각 다르다.

동쪽을 향해 놓여져 있고 개수는 6000개 이상이며 병마용 하나하나가 모두 훌륭한 예술품으로 평가 되고 있다.

음양의 조화를 이룬 중국 리강

[중국 계림의 리강]

중국 계림에 있는 리강 주변에는 산이 이처럼 화형산으로 이루어져 있기도 하고 대나무 밭이 보이기도 하는데 이상한 것은 대나무가 마치 풀포기처럼 포기를 이루고 있는 것이 특징이고 산의 봉우리가 삐쭉삐쭉한 것은 학자들의 말에 의하면 수 만 년 전에 이 곳이 바다였을 것이라 한다.

우리나라에는 이러한 지형이 없으므로 깊이 연구 한 바 없지만 풍수지리에 음양오행으로 본다면 이곳은 산들은 위가 뽀족뽀족하게 생겨서 화형산으로 볼 수 있는데 화형산 바로 아래에는 큰 강이 흘러내리고 있다.

리강은 물이 많이 흘러내리는 큰 강으로 주변 경치가 화려하고 현재까지도 세계 각국에서 관광객들이 몰려들어 배를 타고 리강을 구경하고 있다.

이러한 광경을 자세히 관찰해 보면 물과 불의 수화(水火)는 음양의 조화로써 이 곳 역시 음양의 조화를 이루고 있는 것을 알 수 있다.

화형산으로 수 십리를 장관을 이루고 그 아래쪽으로 많은 물이 흘러내리고 있으니 자연의 이치에 맞는 음양의 조화를 이루었다.

만약 주변의 산들이 화형산을 이루고 있게 되면 이 산이 보이는 지역에서는 화재가 자주 발생하게 되는데 이곳처럼 밑바닥이 강이 되어서 물이 흘러내려가게 되면 불이 나는 일이 없게 되어서 처방이 되는 것이다. 그래서 모든 만물은 음양의 조화 속에서 존재하게 된다.

쌍봉산이 보이면 쌍둥이 나온다

[쌍봉산(雙峰山)]

　풍수지리에서 형상적인 것을 보고 화복을 논하는 경우가 많이 있다. 사진에서처럼 산봉우리가 뚜렷하게 쌍봉으로 마주 보이는 마을에서는 쌍둥이가 많이 태어난다.

우리나라의 호남 지방에서는 쌍둥이 산이 마주 보이는 마을에서 무려 57쌍이나 쌍둥이가 태어나서 세계 기네스 북에 기록이 되기도 하였다.

동양철학에서는 눈에 보이는 것은 새기고 귀로 듣는 것은 취한다고 하는 형상론을 잘 알고 있다. 그래서 자녀를 키울 때에도 주변에 환경을 대단히 중요하게 여기는 것이다.

어릴 때 자라나는 과정에서 주변의 환경이 인생의 행로에 크게 좌우하게 되는 것이다.

눈앞에 쌍봉산이 보이면 그 마을에서 쌍둥이가 많이 태어나게 되는 것도 자연과 닮아감으로써 얻어지는 현상이다.

동양의 풍수 사상은 형이상학적(形而上學的)인 학문으로 주변에 환경에 의해서 모든 만물이 형성된다고 보는 것이다.

이것을 과학적으로 하나하나 풀어서 증명이 될 수 있을 때 동양철학의 위대한 학문이 더욱 빛을 낼 수 있을 것이다.

화형산(火形山)이다

[화형산(火形山)]

　이 산은 봉우리 끝이 불꽃같이 생겨서 화형산이라 하는
데 가령 산이 붓같이 생기면 문필봉이라 한다. 문필봉이
마주 보이는 마을에서는 실제로 교사 또는 대학 교수 등

교육자가 많이 배출이 되고 화형산이 가까운 곳에 물이 없다면 필시 이 곳에는 화재가 자주 일어나게 된다.

과거에 무학대사가 한양으로 도읍지를 정할 때 관악산 쪽으로 화형산이 보여서 화재를 예방하기 위해 한양의 사대문 진입로에 물을 상징하는 해태상을 세워 두었다.

가령 아무리 좋은 명당 터라 할지라도 화재가 자주 일어난다면 사람이 마음 놓고 살 수 없을 것이다. 그래서 풍수적으로 상징적인 처방을 하게 되는 것이다.

실제로 화형산이 있는 지역에는 火氣가 많다는 것을 알수가 있다. 그것은 모든 사물이 생겨날 때 지질에 의해서 변화가 되므로 땅속에 지기가 많은 곳에서는 산에 끝부분이 뾰족뾰족하게 변해가기 때문이다.

사람도 손가락 끝이 가늘어지는 것은 氣가 손끝으로 모이게 되어서 가늘어지게 되는 이치와 같다.

명당에 호화 분묘(墳墓) 좋지 않다

[충남 공주시 소재 명당지]

명당에 묘를 쓸 때에는 이 곳처럼 석물이나 기타 호화
로운 시설은 하지 않는 것이 좋다. 충남 공주 시에 있는
묘를 공사하고 있는 곳으로 만산도(萬山圖)에도 실려 있

는 천하명당 자리이다.

땅의 생긴 그대로 묘지를 만들어서 잔디만 입히고 있다. 명당이 있는 곳을 훼손하면 오히려 기맥(氣脈)의 흐름을 방해하게 되어서 좋지 않다.

이러한 명당을 가지려고 노력해도 쉽게 얻어지기 힘든 곳이다. 과거부터 전해져 내려오는 말에 의하면 삼대를 적선하지 않고서는 명당을 얻지 못한다고 하였으므로 그에 자손 또한 지극 정성이 없이는 명당을 얻지 못할 것이다.

명당뿐만이 아니라 모든 사물이 그러하듯이 선(善)함이 없이는 무엇이고 되는 일이 없다. 본심이 어질고 착하여 바른 일을 하는 자만이 천하에 명당도 얻게 된다는 가르침이다.

근좌에 와서는 권력과 재산이 많으면 천하에 명당을 얻을 수 있는 것처럼 행세를 하지만 대부분 명당이 아닌 경우가 많고 명당을 볼 줄 아는 풍수지리가가 그리 흔하지 않다고 보면 정확하다.

과거에는 명당을 볼 줄 아는 인재가 일세기에 한 사람 정도 나왔다고 하니 이것도 과히 쉬운 일이 아니다. 그리고 이 명당지에서 묘지를 조성하는데 흙 속에 묻혀 있던 항아리 단지 안에서 뼈 가루가 나왔다. 그 뼈 가루는 노란 황금색의 황골(黃骨)로 변해 있었다.

묘지의 분장

　어떤 사람들은 묘지를 쓸 때 잔디도 제대로 입히지 못하는 경우가 있는가하면 석물을 웅장하게 꾸미고 묘 터도 수 십 평에서 수 백 평까지 유난히 호화롭게 쓰는 경우가 있다. 묘지는 좋은 자리를 잡아서 쓰는 것이 목적이므로

묘지를 웅장하게 꾸미는 왜곡된 풍수지리의 관습을 우리
는 반성해야 할 것이다. 이러한 잘못 된 관습은 이외에도
많이 있다.

예를 들어서 고인의 생년월일을 가지고 날을 잡아주는
일이다. 사람이 이 세상에 태어나면 생년월일을 가지고 있
다가 죽으면 모두 반납이 되고 유(有)에서 무(無)로 돌아가
는 것인데 족보까지 보고서 날을 잡을 필요가 없는 것이다.

그리고 윤달에 관한 관습이다. 달력에는 양력과 음력이
있는데 양력은 태양과 지구의 약간의 편차를 없애기 위해
서 31일이 되는 달을 만들어서 조정을 하였고 음력은 30
일 밖에 없으므로 그 편차의 시간을 모아서 4년마다 한 번
씩 윤달을 만들어서 조정을 하고 모든 절기와 보름달과
초승과 그믐을 일치하도록 정리해 놓은 것이다.

그래서 음양오행으로 불리는 십이지는 12가지 밖에 없
으므로 윤달이 드는 해에는 붙일 것이 없으므로 붙이지
않았을 뿐이다.

그렇다고 윤달에는 오행이 없는 관계로 눈에 보이지 않
으니 아무 일이나 해도 되는 것으로 잘못 알고 있는 것이
다. 과거에 우리 조상들은 가난과 빈곤 속에서 먹고 입고
생활하는데 급급하여 주변에 관습대로 매사를 처리하다보
니 합리적이지 못한 경우가 많았던 것이 사실이다.

명당의 활용

풍수지리를 공부하다보면 과거부터 유래 되어 내려오는 속설을 많이 듣게 되는데 특히 묘지 문제로 인하여 재판과 시비로 얼룩져서 이웃 간에 패가망신을 하는 경우가 있다.

선조의 무덤이나 집안 간에도 서로의 무덤이 가깝거나 무덤 위에 또 무덤을 썼다하여 수 십 년 또는 수 백 년 동안 공동체를 이루어 오던 인정이 깨어지고 시비를 하다보니 나중에는 재산까지 바닥이 나기도 하는 것은 풍수지리에 대한 상식이 없어서 벌어진 일이라 할 수 있다.

명당 혈에 조상의 유골(遺骨)을 모시면 그 유골은 틀림없이 황골(黃骨)로 변하게 된다. 명산에서의 좋은 氣를 받아서 뼈가 누렇게 황금색을 띠게 됨으로써 아무리 천하명당이라고 하여도 이 유골이 황골이 되지 않았다면 이것은 명당이 아니라는 것을 유념하면 된다.

이것은 자연의 이치로써 좋은 땅에는 반드시 좋은 氣가 감돌게 되어 유골은 그 氣를 받아들여 氣를 함축하고 그 후손들에게 전달하는 것이다.

경기도 포천에 있는 한 명당에서 묘지가 판매가 되어 이장을 하게 되었는데 그 장소에는 풍수지리를 연구하는 사람이 수 십 명씩 모여들었다.

700년 된 묘를 파내는데 유골이 황골로 변해 있었고 잘 보존이 되어 있었다. 옆에서 흙을 발로 두드리니 쿵쿵하는 소리가 나서 파보게 되었는데 그 명당의 당판에서 시신이 일곱 구가 나왔는데 전부 황골로 변해있었다.

그런데 혈판과 혈판이 아닌 사이에 가로 걸쳐있던 유골

은 혈판에 들어간 부분은 황골이 되어 있고 바깥쪽으로 나간 유골은 새까맣게 타서 형태조차 없어져 있었다. 혈판 안에 몇 구의 시신을 같이 묻어도 그 시신이 모두 명당의 氣를 받게 되는 것이 실제로 증명이 된 예이다.

그래서 명당이 있다면 과거처럼 묘지를 하나만 쓰고 말 것이 아니라 여러 구(丘)를 함께 써서 효율적으로 이용하는 것이 좋다.

또한 묘지와 묘지의 거리는 입수지점이나 앞에 전순지점에만 묘를 쓰지 않으면 아무런 관계가 없다.

혈판 내에 여러 구를 쓸 수 있다

명당이 있다면 현실적이고 능률적으로 활용을 하는 것이 좋다. 그래서 명당은 품자(品字)형이 가장 좋다고 한다.

과거에는 명당 혈 내에 묘를 한 구만 묻는 경우가 많았으나 혈 내에 여러 구의 시신을 함께 묻어도 유골이 모두 황골로 변한다.

그래서 국토 이용의 효율 면에서도 품자 형으로 명당 혈에 여러 구의 시신을 함께 모시는 것이 좋고 각자의 분수에 알맞은 밝고 생기 있는 땅 즉, 무해지지를 찾아서 자손들이 정성을 다해서 부모를 치산한다면 천하명당에 욕심을 부리는 것보다 더욱 낫다는 이야기다.

자연은 천태만상으로 명당은 시효가 지나면 소멸이 되고 융화작용을 하면서 다시 명당을 만들어 낸다. 그래서 사람이 평소에 덕을 많이 쌓고 지극 효성으로 부모를 잘 모시고 정성을 다하여 노력하면 자연도 이에 보답하여 명당을 열어 준다는 속설이 있다.

명당 혈을 효율적으로 이용하면 대대로 선산이 될 수 있는 것이다. 이것은 중국 고서에서도 일혈내안십총(一穴

內安十塚)이라는 말이 있다.

하나의 혈 내에 열 구의 시신이 들어가 있다는 뜻으로 품자형의 무덤이 효율적이고 더구나 근좌에 와서 화장 문화가 발전하면서 납골당이 유행이 되고 있는 때에 무해지지의 땅이라도 효율적으로 이용하는 것이 바람직한 일이다.

그리고 과거에는 하나에 혈이 있다면 품자로 한다든지 어떠한 격식이 있는 것은 아니고 보면 광중을 하나만 파고도 그 곳에다 여러 구를 매장했던 것으로 추정된다.

그것도 가능한 것이 혈이라고 하면 몇 평 내지는 몇 십 평까지 가능하다. 혈판(穴坂) 내에만 매장을 하게 되면 유골은 황골로 변하게 되는 이론이다.

유골이 황골로 변한다는 것은 그 유골이 혈판 내에서 맑고 깨끗한 산천정기를 받고 있는 것이다. 그래서 일혈(一穴) 내에 여러 구의 시신을 매장해도 좋다는 증거가 되는 것이다.

명당에 기(氣)

　명당은 생기가 많은 장소이다. 氣가 허해서 기운이 없는 사람이 명당자리에 가면 명당에 응거한 좋은 氣를 인체에 받아들여서 저장하게 됨으로써 건강해 진다.

　풍수지리가 우리나라에 들어온 지 천 여 년이 지났으나

아직까지 현대적이고 과학적으로 입증할 만한 자료는 없다. 다만 과거 개안한 선대들이 남겨놓은 지리서에 근거해서 공부하고 실천하는 방법과 현지 간산하는 방법 등이 있다.

지리서에서 밝히는 것처럼 사람의 시신이 명당지에 묻히면 유골이 황골로 변한다는 이론은 틀림이 없다. 수 백 년 심지어는 천 년이 다 된 무덤에서도 원형 그대로의 황골로 보존이 되어 있는 것은 산천의 정기를 받아들였다는 증거가 된다.

명당에 충만한 氣는 후손들에게 전달이 되고 후손들은 건강하고 머리가 총명하여 사회에서 출세를 하고 부귀를 누린다는 이론이다.

하지만 이러한 이론은 풍수지리를 연구하고 공부하는 사람이라면 믿게 되지만 풍수지리에 생소한 사람들은 눈에 보이지 않는 관계로 믿으려고 하지 않는 데 문제가 있다.

그래서 풍수지리 학문이 오랜 세월에 비해서 발전을 하지 못하고 있는 것이 사실이다. 몸이 허약하고 땀을 많이 흘리는 사람이나 몸에 허열이 많은 사람이 명당자리에 가면 허혈이 없어지고 잠을 잘 때에도 몸이 정상으로 돌아와서 건강해지는 졌다는 말을 자주 듣게 된다. 그래서 몸이 허약한 사람들이 명당자리에 자주 가기를 원한다.

명당에 다녀오면 머리 속이 상쾌해지고 심지어는 명당을 두 번 갔다 온 이후에 허열이 말끔히 없어진 사람도 있다. 많은 사람들이 몸이 좋아진 사실을 인정하고 풍수지리 공부를 겸해서 명당을 답사하게 된다.

조상을 명당에 모시면 그 후손들이 일년에 한 두 번씩은 명당에 가게 되고 그 곳에서 좋은 氣를 받아 오게 됨으로써 후손들이 건강하고 명석해서 인물이 나게 되는 것이다.

이것은 명당에 많은 氣가 감돌고 있어서 인체로 옮겨오기 때문이다. 이것은 물이 높은 데서 낮은 데로 흐르는 이치와 같다. 만일 인체에 있는 氣보다 땅의 생기가 적을 때에는 몸이 쇠약해지고 氣를 빼앗기게 되어서 식은땀까지 흘리게 되는 것을 알 수 있다.

명당지에서 기(氣)를 받는 모습

[명당지 간산(看山)]

우리는 풍수지리라고 하면 과학적인 학문이라는 신념보
다는 과거 조상 때부터 전해 내려오던 하나에 관습으로
생각을 해 오고 있다. 일부에서는 풍수지리가 과학적이지 못하다든가 심지어 미신처럼 취급을 하기도 한다. 그러나 한 가지 분명한 것은 땅이란 밝고 좋은 땅이 있는가 하면 습기가 차고 나쁜 땅도 있다는 것이다. 풍수지리를 공부하게 되면 밝고 맑은 땅을 구분 할 수 있게 된다.

이 사진은 명당지에 가서 맑은 氣를 직접 받기 위해서 앉아 있는 모습이다.

명당에 가서 좋은 氣를 받는다고 하면 처음에는 누구나 의아하게 여길 수 있다. 그러나 몸이 허약하여 기운이 없다든지 가벼운 질병이 있는 사람이 간산(看山)을 하면서 명당지에 몇 번 다녀오면 몸이 가뿐해 지고 머리도 맑아지는 것을 느낄 수 있다.

실제로 누구라도 명당지에 자주 가게 되면 현저하게 몸이 좋아지는 것을 느끼게 되는 것이다.

요즘 사람들은 매일 쫓기는 일상 속에서 스트레스가 생기다보니 보이지 않는 속에서 몸이 망가지고 있는 경우가 생긴다.

풍수지리란 자연을 공부하면서 자연에 역행하지 않고 순리대로 살아가는 것이 원칙이다. 인간이 한 평생 세상을 살아가는데 있어서 조금이라도 안락하고 행복해질 수 있다면 이러한 대자연에 진리를 더욱 깊이 깨달아야 할 것이다.

민비 부친 산소 명당이더라

[경기도 구리시 소재. 민비의 부친(父親) 민치록 묘소]

조선 왕조의 왕의 능이나 왕조 가족들이 묻힌 곳은 명당이 드물다. 일반 사람들이 보기에는 과거 왕조실록에서처럼 그들이 부귀를 다 누렸으니 천하의 명당길지에 묻혔을 것이라 생각하고 실제로 눈으로 보기에도 잘 가꾸어 꾸며놓아서 명당으로 생각하기 쉽다.

또한 왕조실록에서는 전국에서 유명한 풍수사들에게 벼슬을 내리고 궁에서 활동하게끔 지관을 길러내기도 했다.

하지만 막상 풍수지리에 통달하려면 도안 내지는 신통의 경지에 이르러야 땅을 볼 수 있을 텐데 도안한 사람이라면 과거 권력 사회에서 얼굴을 내밀 턱이 없다. 보통은 두문불출하고 은거하고 지낸 것이 사실이다.

자칫 잘못하다가는 정치적인 음모에 휘말리기 십상이었기 때문이다. 어느 정승이 어느 판서가 추천했다 하여 당파싸움에 걸려들 것은 뻔한 이치였다. 그러다보니 소위 반풍수라는 건달들이 끼어들기 마련이고 그러다보니 왕들의 명당자리를 제대로 잡을 리가 만무하다.

그래서인지 필자는 풍수지리를 연구하면서 왕릉을 다 돌아보았지만 명당은 극히 보기 드물었다.

조선 왕조 26대 왕인 고종의 부인 민비의 조상 산소가 경기도 구리시에 있다. 선조들의 선산에 대대로 묘소가 나열되어 있는 중에 하나는 명당이 되어 있었는데 이 곳이 바로 민비의 부친 여성 부원군 민치록의 묘소이다.

이 곳은 주변 국세도 좋거니와 氣가 충만한 곳이다. 민비는 어릴 때 부모를 여의고 고아처럼 지냈으나 흥선 대원군의 부인 민씨로부터 천거(薦擧)되었으며 천성적으로 명석하고 총명하였고 재능이 뛰어나 친정의 세력이 없는 가운데서도 왕실의 안정을 주도하였다.

홀홀 단신으로서 최고 권력과 부를 누릴 수 있었던 까닭은 명당의 발복이 커다란 역할을 했음이 틀림이 없다. 사람이 태어날 때에는 이미 명당자리에서 인재를 만들어 낸다는 말이 있다. 그래서 명당 집 자손들이 주로 큰 벼슬과 부를 누리게 되는 것이다.

민비의 부친 산소는 명당자리라서 그런지 깨끗하고 잔디도 잘 자라고 정돈이 잘 되어 있었다. 풍수지리를 연구하는 사람이라면 자주 찾아서 감정을 해보는 자리이다.

이렇게 좋은 명당자리에는 꼭 풍수지리를 연구하지 않은 사람이라도 자주가게 되면 좋은 氣를 받게 되어 건강에 무척 좋다.

명당의 이치는 氣의 흐름이 일정한 장소에서 머물게 되므로 좋은 氣가 응기(凝氣)되어 있는 곳이 바로 명당의 혈이라는 것이다.

氣가 많이 응기 되어 있는 곳에는 우선 토색이나 잔디 내지는 나무들의 색깔로도 구분이 가능하다. 좋은 氣를 받아서 밝고 윤기 있는 나무가 되는 만큼 사람도 氣가 허한 사람이라면 명당을 자주 찾게 되면 건강에는 더할 나위 없이 좋다.

귀봉(貴峰)이 보이면 좋다

[귀봉(貴峰)]

위 사진에서처럼 멀리서 보이는 산은 매우 귀하게 본다. 산이 넘어다 보이는 것과 멀리서 보이는 것과는 다르다. 예를 들어서 위 사진처럼 보이는 것은 내청룡에서 밖에 있는 산이 외청룡이 되고 안산이라도 뒤에 있는 산은 조산이 되어서 좋게 보는 것이다.

똑같은 산이라도 보는 각도에 따라서 이토록 달라지는데 풍수지리를 공부하다보면 어디를 가든지 산이나 물체가 모두 예사로 보아 넘길 일이 아니고 공부를 할 수 있는 소재가 많다.

등산을 가더라도 목적지가 없이 가는 것은 피로감이 많이 쌓이게 된다. 그러나 풍수지리를 공부하러 가는 것과는 판이하게 다르다.

풍수지리를 공부하는 사람들은 다양한 곳을 많이 돌아다니면서 눈으로 보고 연구를 많이 함으로써 경험을 쌓고 자연을 하나하나 살펴서 배워나가게 되므로 보람을 느끼게 되는 것이다.

규봉(窺峰)은 좋지 않다

[규봉(窺峰)]

　규봉(窺峰)이란 풍수지리에서 가장 꺼려하는 산의 형태
이다. 풍수지리를 공부하려면 어떠한 사물을 두고 말할 때
분명히 듣고 이해를 구하는 것이 가장 중요하다. 이 산은

어떻게 보면 귀하게 넘어다보는 것 같지만 산 위로 보일락 말락 빼꼼이 넘어다 보이는 산은 규봉(窺峰)이 되어서 그 후손들은 남에게 도둑을 잘 맞는 것은 물론 타인에 의해서 피해를 당한다.

또한 그 후손들은 사회생활을 하면서도 타인에게 의심을 많이 받게 된다. 그래서 묘를 쓰거나 집을 지을 때 이러한 산이 보이는 곳은 피해서 하는 것이 좋다. 풍수지리에서 주의해야 할 규범들은 반드시 지켜나가는 것이 좋다.

모든 만물은 그 생김새와 형태에 따라서 길사격이 다름으로서 서적을 통해서 참조하는 것이 좋다. 가령 어느 마을에 산세가 험악하거나 흉물스러운 형태가 보인다면 이것은 반드시 흉격으로 나타나며 고을의 인심 또한 좋지 못하다. 우리나라는 전체적으로 올 때 금수강산(錦繡江山)이라 하여 산이 유하고 물이 맑은 것이 장점이다.

외부에 간섭을 받게 된다

　위 사진은 언뜻 보기에 귀봉처럼 보이지만 산 위 정상
이 사람 얼굴처럼 빼꼼이 넘어다보이게 되면 좋지 않다.
　도둑을 맞는 산은 보일락 말락 넘어다 보이는 산인데
이 산은 높이 솟아서 넘어다 보임으로써 외부에 간섭을

받게 된다.

 가령 개인의 사생활에도 비밀이 있는 법인데 너무 감시자가 많으면 좋지 않은 것이다. 외부에서 거대한 세력이 자신을 감시 하고 있다고 생각하면 된다. 그래서 이러한 산이 넘어다 보이는 곳에 조상의 묘를 쓰면 외부의 세력에 의해서 항상 감시를 받게 됨으로써 좋지 않다. 묘지뿐만 아니라 양택에 서도 집을 지을 때 이러한 산이 넘어다 보이게 되면 이것 또한 마찬가지로 화복을 논하게 된다.

천옥지(天獄地)

천옥지(天獄地)라고하면 여러분들은 어떠한 생각이 들
런지 모르겠다. 어떤 이는 천옥지라고 하면 하늘에서 준
선물의 땅이라고까지 말하는 사람도 있으나 천옥지란 사
실 사방이 산으로 첩첩이 둘러 싸여 하늘만 빼 꼼이 내다

보이는 곳이다.

과거 농경 사회에서 가난하게 살았던 우리 선조들은 누구나 할 것 없이 학문을 많이 한 사람이 드물었다. 살림살이가 넉넉하지 못한 관계로 자식들과 함께 먹고 살기에 급급하다 보니 학문에 지식이 짧았고 간혹 한 고을에 한두 명씩 지식을 깨우치기도 하였으나 풍수지리 뿐 만 아니라 어떠한 학문이라도 깊이 있게 접근하기가 힘든 상황이었다.

당시만하더라도 교통이 불편하여 요즘같이 먼 곳까지 찾아다니면서 학문을 하기가 쉽지 않았던 것이다.

이러한 이유로 풍수지리의 학문이 반풍수 정도로 실력을 갖춘 정도가 고작이었다. 당시에 고승이라든지 학문을 깊이 하여 도안하거나 통달한 사람도 간혹 있었으나 그것은 극소수에 지나지 않았다.

풍수의 행세를 하는 이들은 고을마다 길흉화복을 해 놓은 장소 내지는 명당이라고 점지해 놓은 곳이 많았다.

경기도 양평 지역에도 그러한 장소가 있는데 그 마을이 천하의 길지라는 것이고 옛날부터 천하의 명당지라서 사람들이 그 마을을 떠나지 못하고 집을 새로 짓겠다는 사람이 많았다. 그런데 그 마을에서는 유난히 벙어리나 귀머거리가 많이 나온다.

이러한 현상은 풍수지리에 능통하지 못한 반풍수가 사방이 산으로 둘러 싸여진 곳이라 하여 보국 형성이 잘 되고 좌청룡과 우백호 안산과 뒤에 있는 주산에만 신경을 쓰다보니 천옥지를 천하 명당 터라고 착각을 하였기 때문이다.

풍수지리의 학문이란 이러한 점에서 매우 어렵다. 보국이 잘 이루어지고 앞이 탁 트여져 있어야 하는데 앞이나 옆이 가로 막아 있으면 자고나면 눈에 보이는 것이 모두 산이요, 하늘만 빼 꼼이 쳐다보이게 되어서 이러한 곳을 바로 천옥지라고 부르게 되는 것이다.

천옥지에서는 사방이 산으로 막혀있어서 외부 소식을 들을 수 없어서 귀머거리가 많이 태어나고 사방에 앞이 막혀 있어서 맹인이 자주 태어나게 된다.

그래서 풍수지리 학문을 잘못하면 소위 반풍수가 될 수도 있다는 사실을 염두해 두어야 할 것이다.

명당은 있다
현장감정예

제 5 장

제5장

조산(祖山)과 주산(主山)의 의미

풍수지리에서 산을 주로 용(龍)이라고 표현한다. 산의
형태가 마치 용이 기어가다가 멈추어 서 있는 형상 같다
하여 용이다 또는 용맥(龍脈)이다 이렇게 표현을 하는데
용은 태조산에서 혈을 맺게 될 때까지 수 십리 내지는 수

백리 밖에서도 가능한 일이다.

태조산(太祖山)은 고건하고 원룡(原龍)으로 용맥이 사방으로 행룡(行龍)하면서 생기가 시발되는 산의 원맥을 뜻하는데 태조산의 용세가 가지를 뻗어가다가 다시 기복(起伏)하면서 합쳐진 산을 중조산(中祖山)이라 한다.

중조산에서 가지를 뻗어 끌고 내려와서 기봉 된 산을 소조산(小祖山) 내지는 주산(主山)이라 한다.

주산은 혈판(穴坂) 뒤에서 받쳐주는 산이다. 태조산과 중조산 그리고 주산의 형태는 거대하고 웅장하면서 기복 변화가 많아야 비로소 좋은 혈을 맺을 수가 있다.

태조산에서 소조산인 주산까지는 때로는 몇 백리를 이어져 오는 수가 있고 중간에서 잘라져서 독산(獨山)이라 하여 독립된 산이 주산이 되기도 한다.

먼 태산에서 맥이 이어져 왔다 해도 혈판이 좋지 못하면 아무런 의미가 없다.

가령 비산비야(非山非野)의 야산에서는 혈판에서 가장 가깝게 보이는 산이 주산이 되고 가깝게는 태조산이 될 수도 있다.

태조산(太祖山)의 의미

  태조산은 고건하고 중첩이 되어서 풍만해야 하고 원룡
(原龍)으로써 산맥의 시발점이 되는 산이다. 태조산은 높
고 웅장하고 용세(龍勢)는 사방팔방으로 큰 맥을 이루면
서 뻗어 나가야 하는데 태조산을 사람에 비유하면 시조

(始祖)나 다름없고 나무로 비유하면 뿌리와 같다. 태조산이 험악하면 반드시 혈을 맺지 못한다. 산이 부드럽고 온화하여 토질이 좋아야 명당을 이룰 수 있다.

명당을 찾으려고 전국방방곡곡을 헤매고 다니는 경우가 많은데 태조산이란 나무로 비유하게 되면 뿌리가 되는 것이다. 나무가 잘 자라고 무성하려면 뿌리가 건강해야 하듯이 산도 또한 마찬가지이다. 그래서 어느 산이 명산이다, 어느 산의 정기를 타고 태어났다 하는 말을 자주하게 된다.

근본적으로 태조산에서 그 기운이 뻗어내려 오게 되는 것이 기본적인 이론이다. 그러나 태조산이 좋다고 해서 혈이 아무 곳에나 맺히지는 않는다. 혈이란 그에 합당한 조건에 의해서만 맺히는 것이다.

중조산(中祖山) 의미

　중조산은 태조산에서 뻗어져 나온 산맥을 끌고 오다가
다시 봉우리를 만들게 됨으로써 용맥이 행룡하여 변화가
되어 기봉(起峰)된 산을 말하는데 마치 호박 넝쿨의 줄기
와 같은 형태이다.

사람에 비유하면 중시조 내지는 조상을 뜻한다. 중조산은 태조산에 비해서 한결 부드럽고 험준하지 않으며 토질이 밝고 오랜 세월 속에서 박환(剝換)이 잘 된 산이지만 혈을 맺지는 못한다.

과일도 끝부분에서 열매를 맺듯이 중조산은 줄기에 해당되므로 혈을 맺지 못한다. 태조산은 원룡(原龍)을 말하고 중조산은 간룡(幹龍)이라 하게 되고 소조산에서 내려온 용맥을 지룡(枝龍)이라 하게 된다.

그래서 태조산이 나무에 뿌리라면 중조산은 나무에 몸통을 가리키는 것이다. 나무 또한 몸통이 건강해야 가지가 번창하고 잎이 무성하게 달리게 되어서 氣가 모이게 되는 이치와 같다.

그러나 태조산이 약간 높고 험준하다 하더라도 중조산은 그에 비해서 낮아야 정상이고 태조산 보다는 부드럽고 유해야 한다.

그래서 풍수지리에서는 음택이나 양택에서도 주변에 어떠한 귀한 산이 연결되어 있는지를 잘 살피는 것이 좋다.

소조산(小祖山)의 의미

소조산이란 중조산에서 가지를 이어받아서 행룡(行龍)
이 된 것을 말하는데 혈판 바로 뒤에서 혈을 받쳐주는 산
을 주산이라고 하게 된다.

혈판 뒤에 산이라지만 간혹 혈을 맺으면서 입수처가 크

게 돌출이 되어 있으면 이 입수를 주산으로 보기도 한다.

소조산을 사람에 비유하면 조부모와 같고 식물로 말하자면 열매를 맺을 수 있는 가지나 넝쿨의 끝부분이다. 이렇듯 대부분 명당이란 용(龍)의 끝부분에서 혈을 맺게 된다.

그러나 소조산이란 주산이 없게 되면 소조산이 주산이 되므로 특별히 구분할 필요는 없다. 때에 따라서는 소조산과 주산의 구분이 없이 주산이 되는 경우도 많다.

그러나 산세가 준엄하게 뻗어 내려와서 구분이 지어진다면 소조산이 따로 있게 되는 의미이다.

명당에서 혈을 맺으려면 소조산에서 어느 정도의 윤곽이 드러나게 된다. 산의 형태가 유하고 부드러우며 산의 지각의 변화가 여기서부터는 뚜렷하게 윤곽이 드러나게 되는 것이다. 그래서 혈을 맺는 데에는 소조산이 매우 중요한 역할을 하게 된다.

주산(主山)의 의미

　주산이란 태조산에서 가지를 이어받아서 굴곡을 거쳐서 중조산을 만들고 중조산도 역시 많은 기복과 변화를 주어 소조산을 만들게 된다.

　그러나 소조산과 주산을 혼돈할 필요는 없다. 소조산이

나 주산은 명당 혈을 뒤에서 받쳐주고 있는 산을 말함이
다.

바로 가까이서 언덕을 형성하여 혈을 받치고 있는 경우
도 있고 입수가 불룩 튀어 올라와서 주산의 역할을 하게
되는 경우도 있다.

이렇게 되면 가까이에 있는 산을 주산이라고 부를 필요
가 없고 소조산이라고 부르면 되고 주산이라는 것은 혈
바로 뒤에서 받쳐주고 있는 산으로 보게 되는데 혈처 주
위라고 보면 해석이 가능하다.

이렇게 소조산이 주산이고 주산이 소조산이라 할 수가
있는데 특이한 경우에 소조산과 주산을 달리 보게 된다.
명당을 이루고 혈을 맺는 데는 무엇보다도 주산의 역할이
대단히 크다.

주산이란 사람으로 비유하면 부모나 다를 바가 없다. 부
모를 잘 만나게 되면 어린 시절을 잘 보낼 수가 있고 올바
른 학업을 할 수가 있어서 배우고 다듬어서 자라면 사회
에서 출세의 길로 들어서게 되는 것이다.

대명당(大明堂) 사격도(砂格圖)

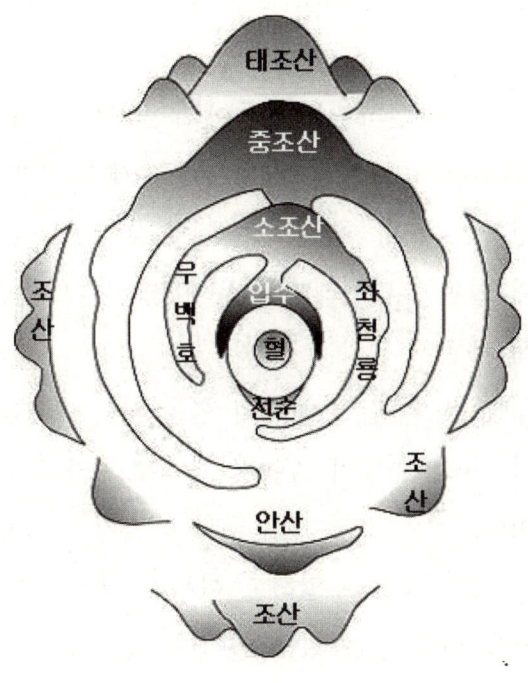

[명당도]

명당이 만들어 질 때에는 자연의 조건 속에서 수 천 년 간 풍화작용으로 깍이고 다듬어지면서 천지조화로써 혈을 만들게 된다.

명당을 정확하게 혈(穴)이라고 부르게 되는데 혈판(穴坂)에서 생기가 빠져 나가면 혈이 맺힐 수가 없다. 그러나 하나 하나의 혈이 만들어지게 되면 비바람이나 나무뿌리 기타 해충이나 잡풀마저도 명당 혈판에서는 자라지 못한다.

혈판이 크고 풍만하면 자손들에게 발복이 더욱 큰데 혈판에 귀석(貴石)이 보이면 관직에서 출세를 하게 되고 혈판이 양명하여 질이 좋으면 귀(貴)로 보아서 후손들이 출세를 하며 혈판에 덩어리가 매우 크면서 양명하면 부(富)로 보아서 재벌이 된다.

그림의 명당도와 같이 하나의 혈을 맺는 데에는 이처럼 자연이 치밀하게 형태가 짜여져 있어야 氣가 모이는 혈이 되는 것이다.

인위적으로 인력을 투입하고 아무리 많은 돈을 들인다 해도 명당을 만들 수는 없는 일이다. 엄격히 따지고 보면 명당이란 자연의 조건 속에서 하나의 작품처럼 만들어지는 것인데 이것은 그 값어치를 논할 수 없는 매우 소중한 것이다.

황천수(黃泉水)란 무엇인가

　황천수란 광중(壙中)에 물이 들어 있는 것을 말한다. 광중에 물이 고이는 것은 여러 가지 이유가 있는데 기본적으로 지질이 습해서 습기가 모여 물이 차게 되는 경우가 있고 땅속에 물줄기로써 물이 고이거나 땅의 토질이 단단

하고 찰지면 비가 올 때 물이 숨어들어서 빠지지 못하여 고여 있는 경우이다.

　대부분 황천수는 갑자기 비가 많이 오면 메마른 땅 속으로 물이 흘러 들어가서 고이게 되는데 장마가 지면 물줄기가 생겨서 알 수 있다. 그러나 날씨가 가물어서 비가 오지 않을 때에는 물줄기가 없어서 알 도리가 없다.

　광중에 한 번 물이 들게 되면 잘 빠져 나가지 못하게 되고 물이 차츰 고이게 되는 것이다.

　풍수지리에서 묘지에 물이 들어가는 것을 제일 흉하게 본다. 그래서 묘지에 물이 들어가지 못하도록 묘를 쓸 때 광중을 깊이 파고 그 위에는 봉분을 크게 하여 잔디를 심어서 가꾸는 것이다.

　그러나 명당의 혈이 되면 황천수 같은 것은 두려워 할 필요가 없다. 명당에 조건이란 황천수가 들어간다든지 나무뿌리가 들어간다든지 잡풀이 난다든지 기타 해충이 들어갈 수가 없는 조건으로 이루어진 곳이다. 그래서 명당은 영구적으로 보존이 되는 것이 특징이다.

팔요풍(八曜風)이란 무엇인가

명당을 감싸 앉은 좌청룡이나 우백호가 제대로 명당을 감싸주지 못하면 멀리서 불어오는 세찬 직풍(直風)의 바람을 맞게 되는데 이것을 두고 팔요풍이라 한다. 팔요풍이란 살풍(殺風)을 뜻하는 것으로 사방팔방 어느 위치에서

도 들어 올 수 있다는 뜻이다.

바람이란 조금씩 시원하게 불면 도움이 되지만 어느 한 위치에서 계속적으로 세차게 불면 식물이 살아남지 못하고 땅 속에 있는 유골도 새까맣게 타버리는 경우이다.

그래서 팔요풍이 직접 맞닿는 자리에는 땅 위에 있는 잔디도 말라 죽게 된다. 혈을 찾을 때 어느 한 쪽 방향이 허(虛)하면 명당이 이루어지지 않는 것이 자연의 원리이다. 그래서 어느 쪽이 허한지를 세밀하게 살피게 되는 것이다.

바람도 온풍은 길풍이라 하고 폭풍이나 계곡풍은 흉풍이라 한다. 흉풍과 길풍을 살피는 방법은 혈 주위에 둘러싸인 산의 보국이 어느 방향에서 이어지는지 살피면 된다.

가령 팔요풍이 들어서 맞닿는 장소나 그 근처에는 나무나 식물 잔디가 일절 살아남지 못하게 되는데 팔요풍의 이치를 모르면 잔디나 나무를 계속 가져다가 심게 된다. 팔요풍이 들면 잔디가 살아남지 못하거나 항상 빨갛게 타고 나중에는 흙만 남게 된다.

오행산(五行山)의 형태

- **수형산(水形山)** : 수형산은 산봉우리가 물 흐르듯이 꾸불 꾸불하게 높은 곳에서 점차적으로 낮아지는 것을 말한 다.

- **목형산(木形山)** : 목형산은 산에 기둥을 세워 놓은 것처 럼 우뚝 솟아 있는 형태를 말한다.

- **화형산(火形山)** : 화형산은 산에 정상 꼭대기가 불꽃이 타오르듯 뾰족뾰족 한 형태를 말한다.

- **토형산(土形山)** : 토형산은 산의 정상이 전답과 같이 평평 하면서 봉우리에서 갑자기 평지를 이룬 산을 말한다.

- **금형산(金形山)** : 산의 형태가 바가지를 엎어 놓은 것 같 기도 하고 종을 엎어 놓은 것 같이 둥글게 생긴 산을 말한다.

산도 이렇게 생긴 모양에 따라서 水·木·火·土·金의 오행 형태의 산으로 이루어지게 된다. 모든 만물은 음양오 행에서 벗어 날 수 없으므로 산을 오행산으로 분류하여 각각 화복을 논하게 된다.

수형산(水形山)의 형태

[수형산(水形山)]

수형산은 창천수(漲天水)라 해서 산의 정상이 물이 흘러 가듯이 꾸불꾸불하게 흘러내려가는 모양을 뜻한다. 수형 산은 높은 데서 낮은 곳으로 순행하면서 흘러가는 모양이 되어야 한다.

수형산은 산의 형태가 높은 곳에서 봉우리를 이루고 아래로 내려오면서 점차로 낮아지는 것을 말하는데 낮은 곳에서 갑자기 봉우리가 높아지는 모양은 좋지 않다.

음양오행의 이론에 따라서 위에는 높은 봉우리는 금형산의 모습을 하고 있으므로 금생수(金生水)하면서 생을 받게 된다.

수형산은 산 자체에서 혈이 맺히는 경우가 많다. 그러나 수형산에서 혈이 맺힌다하더라도 안산이나 주변의 사격에서 목형산이 보이면 발복을 하게 된다.

수형산 본체에서 결혈이 되려면 산의 지각이 끝나는 부분에서 될 수가 있고 수형산이 귀격(貴格)이 되려면 태조산이나 중조산이 금형산의 형태로 이루어 결혈이 커야 한다.

주변에 있는 산도 금형산의 형태로 보이는 것이 좋다.

그것은 金은 水를 금생수(金生水)로 생해서 도와주기 때문이다.

목형산(木形山)

[목형산(木形山)]

목형산(木形山)은 충천목(衝天木)이라 해서 산이 기둥을 세워 놓은 것처럼 높이 솟을수록 좋고 대부분 하나만 우뚝 서 있는 것은 드물고 여러 개가 함께 높이 솟은 경우가 많다.

산의 형태가 독산(獨山)처럼 보이거나 주변에서 받쳐 주는 산이 없으면 좋지 않다. 목형산의 형태는 붓 봉이라고도 하고 문필봉이라고도 하는데 봉우리 끝부분이 뾰족하면서도 약간 뭉뚝하게 보이는 경우가 많다.

혈이 이루어지고 그 앞에 목형산이 보이면 대단한 귀격(貴格)으로 보고 안산이 문필봉이라면 속발(速發)하게 된다. 문필봉이나 목형산은 현지에서 혈이 되었을 때 발복이 있게 된다.

목형산은 태조산이나 중조산 내지는 주산이 수형산의 형태가 되어 결혈이 되면 귀격이다. 가능하면 주변에 보이는 조산들도 수형산의 형태로 보이는 것이 좋다.

화형산(火形山)

[화형산(火形山)]

화형산은 염천화(炎天火)라 해서 불꽃이 타오르듯이 산 봉우리가 뾰족뾰족 한 것을 말한다. 화형산에는 혈이 잘 맺히지 않는 것이 특징이다.

산의 끝부분이 붓 봉 보다 더욱 가냘프게 보인다. 혈이 맺히는 장소는 뭉쳐 있어야 하는데 산이 뾰족 뾰족하다 보니 뭉쳐질 장소가 없어서 혈이 맺히는 경우가 드물다.

화형산은 산이 높고 낮음으로써 그 끝은 송곳처럼 뾰족하고 날카로운 것이 특징이다. 화형산이 높고 장봉(長峰)이면 문필봉이라 해서 학자나 문필가가 많이 배출되기도 하고 화형산이 안산이나 사격을 보고 혈을 맺으면 화형산의 형태에 따라서 발복을 하게 된다.

화형산의 본체에서 혈이 맺힐 때에는 평지에 내려와서 결혈이 될 수 있다. 그러나 화형산에서 혈을 맺는다면 화복론에서 논할 때에는 화형산과는 관계없이 안산이나 주변의 좌청룡(左靑龍), 우백호(右白虎), 전주작(前朱雀) 후현무(後玄武) 등에 사신사(四神砂)에 의해서 화복을 논하게 된다.

화형산은 태조산이나 중조산 내지는 주산의 형태가 목형의 형태가 되어 결혈이 되면 귀격으로 본다.

토형산(土形山)

[토형산(土形山)]

토형산은 주천토(湊天土)라 해서 평지에 산이 야산이 되어야 하는 것이다. 평지와 같은 모양을 하고 있는데 산이 높다 하더라도 산 정상이 평평하면 토형산으로 본다.

토형산은 풍수지리에서 일자문성(一字文星)이라고도 한다. 일자문성은 길게 늘어져 있는 산보다는 위로 용수가 되고 위가 마치 괴짝이 하나 놓여진 것처럼 각이 짐으로써 힘이 있고 옆으로 퍼지지 않고 좁은 극귀사(極貴砂)가 되어야 좋다.

가령 명당 혈이 이루어졌는데 안산이 일자문성이 된다든지 아니면 앞쪽에 일자문성이 보이게 되면 길사격(吉砂格)이라 해서 매우 길하다.

물론 일자문성도 명당의 형태에 따라서 화복이 달라지지만 최소한 국가수반의 서열에 오르게 된다.

명당의 혈이 크고 안산에 일자문성이 잘 되면 왕이 나오는데 주위 형국이나 귀격사가 아무리 좋다 하더라도 현장의 자리가 혈이 되지 않았다면 아무 소용이 없다.

그래서 형기론에서 제일 우선적으로 보는 것이 평지 돌처(突處)에 결혈(結穴)이 되었나를 먼저 보게 되고 하다못해 무해무덕(無害無德)한 무해지지(無害地支)자리라도 되는지 살피는 것이다.

토형산은 태조산이나 중조산 내지는 주산이 화형산의 형태가 되어 결혈(結穴)이 되면 귀격(貴格)이 된다.

금형산(金形山)

[금형산(金形山)]

　금형산(金形山)은 현천금(顯天金)이라 해서 일반적으로 말하기를 부봉(富峰)이나 노적봉(露積峰)이라고 하는 산이다. 산의 모양이 종을 엎어 놓은 것처럼 산 정상이 둥글고 커야하며 모양이 귀봉(貴峰)처럼 곱게 생겨야 한다. 산맥이 뻗어 내려오면서 금형산의 형태를 두 번 정도 만들고 나면 그 아래에 혈이 맺힐 수 있다.

가령 혈이 맺히고 근처에 금형산이 보이게 되면 부봉(富峰)으로 노적봉이라 해서 큰 부자가 나게 된다. 금형산은 산의 정상이 반달처럼 둥글고 예뻐야 하며 가령 옆으로 삐죽삐죽 튀어 나왔다든지 삐뚤어지게 되면 금형산으로 보지 않는다.

금형산도 역시 아무리 잘 생겼다 해도 현장에 혈(穴)이 되지 않았다면 무형지물이다. 나의 몸체가 튼튼하고 기(氣)가 있어야 되듯이 내 몸이 허약한데 아무리 주위에 형국이나 귀사가 있어도 아무 소용이 없다는 뜻이다.

대부분 산의 정상이 모양이 잘 생겼다면 근처에 명당이 있기 마련이다. 금형산은 둥근 모양으로 위로 솟은 형태가 둥글둥글하여 누구나 눈으로 보고 쉽게 알 수 있다.

금형산은 태조산이나 중조산이 내지는 주산이 토형산의 형태가 되어 결혈이 되면 귀격이 된다.

土는 金을 토생금(土生金)으로 상생(相生)하게 되므로 오행의 흐름이 매우 순탄하다.

오행산의 모양

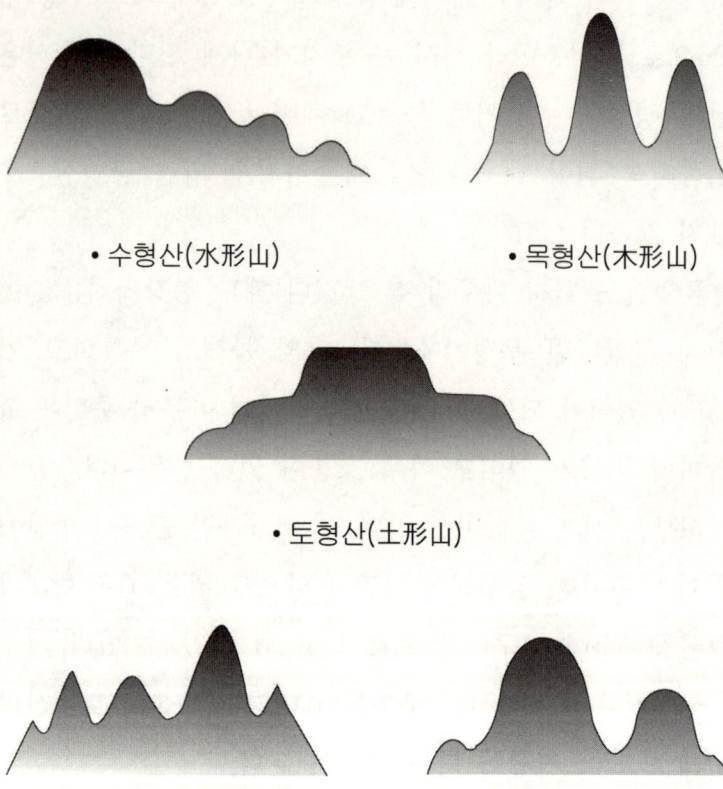

• 수형산(水形山)

• 목형산(木形山)

• 토형산(土形山)

• 화형산(火形山)

• 금형산(金形山)

사격론(砂格論)

풍수지리에서 사격(砂格)이란 명당의 혈판을 중심으로 전후좌우 내지는 들판, 암석, 도로 등 가까이 또는 멀리 보이는 것까지 모두 포함하여 나타내는 말이다. 길흉과 관계없이 물체가 가까우면 그 효과가 빨리 나타나고 혈에서 멀리 떨어진 곳은 흉하면 흉한 대로 귀하면 귀한 대로 그 효과가 늦게 나타나게 된다. 주위의 환경에 따라 천차만별로 사격의 길흉을 논할 수 있다. 풍수지리를 오래도록 공부하고 연구하면 자연스럽게 좋고 나쁨을 분별할 수 있고 길흉화복을 논할 수 있다.

이것은 본 서적에서 기재 된 내용으로도 참고가 가능하지만 본인이 실제로 터득한 경험이 가장 중요하다. 풍수지리를 공부하는 사람들 중에는 서적을 많이 읽고 현지에서의 경험이 부족한 사람이 있는가하면 심지어는 산만 돌아다니면서 책을 소홀히 하여 터득하지 못하는 사람도 있다. 풍수지리는 매우 깊은 학문으로서 유경험자와 무경험자의 실력의 차이가 확연히 나타나게 되는 것이다.

명당은 있다
현장감정예

제6장

고 이 승만 전대통령 묘지 명당이다

[서울 동작구 국립묘지 소재. 고 이 승만 전대통령 묘]

서울 동작구에 있는 국립현충원(國立顯忠院)은 수많은 국가유공자와 국가를 위해서 목숨을 바치신 호국영령들이 잠들고 있는 곳이다. 국립묘지란 그 땅이 수 십 만 평이나 되는 대단히 넓은 명지인데 그 곳에도 특별한 명당 즉 혈을 이루고 있는 곳이 두 군데가 있다.

국립묘지의 산 중앙 정상에서 산맥이 이어져 내려오면서 중앙에 장군봉이 우뚝 솟아 있고 거기서 다시 맥을 이어오면서 우선(右旋)에는 과거 왕실의 왕비 창빈 안씨의 묘소로 보이는 곳에 명당 혈을 이루었고 좌선(左旋)으로 내려와서 고 이 승만 대통령의 묘지에서 혈을 이루었다.

좌우로는 좌청룡과 우백호가 길게 뻗어서 깊숙이 감싸주었고 주산에서 내려온 용호(龍虎)가 혈판을 감싸 주는 데에는 충분하지만 좌청룡 우백호가 너무 높이 솟아 있고 입수로 들어오는 맥이 약하게 보인다.

물론 태조산에서 중조산 주산이라든지 모든 국세는 잘 이루어졌고 혈판은 양명하고 전순이나 선익은 잘 만들어졌으나 입수지점에 굴곡에서 겨우 이어져 명확하지 못한 것이 단점이다.

모든 명당이 그러하듯이 좋은 점과 나쁜 점이 있기 마련이고 단점이 없으면 비로소 대길지가 되는 것이다. 또한 혈판이 북쪽으로 향하고 있는 관계로 북향은 병오좌(丙午坐)로서 병오좌는 대부분 높은 위치에서 혈을 맺는 특징이 있는데 비해 고 이 승만 박사의 묘지는 그리 높지 않는 데서 혈을 맺었다.

과거부터 병오좌(丙午坐)에 명당 혈이 맺어지면 이를 두고 촛대혈, 등잔혈 등 물형론으로 이름을 붙이기도 하였다.

사상론에서는 와겸유돌(窩鉗乳突)이라하여 와혈과 겸혈 그리고 유혈과 돌혈로 구분을 하고 있는데 이 곳은 유혈(乳穴)로써 양혈(陽穴)에 속하게 되므로 과일로 말하자면 사과 정도의 크기로 작은 혈에 속한다.

국반급(國班給)이라면 커다란 수박덩어리에 비유된다. 그러나 작은 혈이지만 양명하고 생기 있는 좋은 혈로써 근래에는 이러한 명당조차도 찾아보기 어렵다.

혈이 맺어진 혈판을 둘러싼 주변을 보고 명당이라고 이름 붙이게 되는데 이것은 육가원칙에 의해서 이루어지므로 어느 한 곳이라도 부족함이 있다면 명당 혈로 보지 않는 것이 원칙이다.

과거 우리 조상들은 명당을 찾아서 선조를 모시려는 노력을 많이 해 왔다. 이러한 기문에서 지란 지손들은 부모나 선조들에 대한 효심이 생기고 후손에게도 좋은 본보기가 된다.

대대손손이 효도하고 조상을 섬기고 자손들을 사랑하는 대가족제도가 면면히 이어져 온 것이다.

부모를 명당에 모시게 되면 첫째는 명당에 묻혀서 氣를

받는 망자가 좋은 氣를 받게 되고 두 번째는 동기감응으로 후손들이 그 氣를 받아서 발복을 받게 되고 세 번째는 누구나 명당에 자주 가게 되면 거기서 좋은 氣를 받게 됨으로써 몸에 氣가 충만하여 건강하여 발복을 하게 된다.

명당에 이치를 잘 모르게 되면 오직 그 후손들의 발복만 생각하기 쉬우나 그것은 일부일 뿐 명당자리는 타 지역과는 달리 氣가 많이 감돌고 있는 땅으로 자손들 내지는 일반 사람들도 명당자리에 가게 되면 좋은 氣를 받아오게 되는 것이다.

이 용익 대감 부친(父親) 명당에 모셨다

이 용익은 1854년 함경북도 명천에서 상민에 아들로 태어났으나 부친을 천하명당에 모시고 한양으로 올라와서 당대에 속기로 발복을 했다. 조선조 말 대원군과 민비의 갈등으로 나라가 어수선할 무렵 이 용익 대감은 나라의 재정권을 거머쥐었고 현재로 말하면 재무장관 격이었다.

원래는 함경도 명천 출생으로 주막집을 하는 어머니에게서 태어나 자란 아들로 날마다 심부름과 나무를 해다 주고 밤이면 노름꾼들의 뒷전에서 용돈이나 얻어 쓰고 할 정도로 앞날이 캄캄한 막연한 시골 소년이었다.

하지만 심성이 어질고 정직하며 체격이 장대하고 인물이 좋고 힘이 센 장사였다. 하루는 곰곰이 생각해보니 인생을 이렇게 허무하게 살아서 되겠냐며 친구를 꾀어 우리도 좋은 길지에 명당을 쓰고 한양으로 가서 출세를 하자고 하였다. 친구는 좋은 명당을 구할 수 있느냐며 응답하자 소문난 마루고개가 천하 명당이라 하니 그 땅을 깊이 파서 부모를 모시게 되면 괜찮을 것이라 하였다.

그러던 어느 날 마을 사람들이 모여서 산 고개에 천하 명당이 있는데 그 묘지에서 주변에 좋은 氣를 다 흡수하게 되어서 비가 오지 않는다며 그 묘를 파버렸다.

그런데 이 용익은 자기 신세를 생각해보니 미적미적 거릴 때가 아니라고 생각하여 묘안을 짜내었다. 하루는 죽마고우(竹馬故友)와 함께 실행에 옮기기로 하고 그날 밤 먼저 자기 아버지의 시신을 모시고 힘이 천하장사인지라 깊이 파서 안장해 놓았다. 그리고 이튿날 친구의 부친 시신을 함께 모셔다가 그 위에 매장해 놓았다.

그러나 땅을 파서 매장을 한 흔적이 있다며 동네 사람이 알고는 가차 없이 그 묘를 파헤쳐 시신을 밖으로 던져 버렸다.

하지만 그 밑에 깊이 매장을 하였던 이 용익의 부친의 시신은 발견하지 못하였고 마을 사람들은 다시는 그 곳에 다 묘를 쓰지 못하게 큰 돌을 가져다가 쌓아 버렸다.

그리고 이 용익은 한양으로 도주했다. 한양에 올라온 이 용익은 사대부가에서 물 지개나 나르고 마당이나 쓸어주면서 그럭저럭 세월을 지냈다.

이 용익은 그 때부터 심성이 착하고 힘도 좋아서 민비가 거처하는 궁궐 주변 대감 집으로 추천이 되어서 일을 하게 되었다. 그러던 중 민비의 난이 일어나게 되자 이 용익은 밤에 민비를 업고서 하룻밤에 여주까지 뛰었다는 것이다.

그 이후 난이 평정이 되자 민비는 세력권이 안정되면서 힘이 세고 생명의 은인이라 하여 이 용익을 판서로 임명하였다. 전국에서 나오는 金을 총괄하는 지금으로 말하자면 재무장관으로 부임을 받게 되면서 엄청난 부와 권력을 얻게 되었다.

당시 공주(公州) 갑부(甲富) 김 갑순도 이 용익 밑에서 형님, 동생하면서 물 지개를 지던 시절이 있었으므로 지나온 과거가 비슷한지라 사또 고을원 자리를 맡게 되어 2만 석을 하게 되었다는 설이 있다.

아무튼 풍수지리에 대해서 전해 내려오는 이야기는 과거 벼슬아치에서부터 근좌에 권력층 또는 정치인, 재벌에 이르기까지 무수히 많다.

물론 전해 내려오는 과정에서 과장된 곳이 더러 있겠지만 큰 줄거리는 부인하지 못한다. 대부분 명당을 쓰고 출세를 했다든지 부자가 되었다는 이야기는 무궁무진하다. 하지만 한 가지 주시해야 할 것은 풍수지리에 대한 많은 속설 중에는 대부분 효(孝)의 사상이 깔려 있다는 점이다.

부모나 조상을 명당에 편안히 잘 모시겠다는 자식 된 도리를 다하는데 그 목적이 있어야 한다. 좋은 명당을 쓰고서 본인들이 출세를 하고 부를 누릴 생각을 가진다면 이는 필시 좋은 명당 길지가 나타나지 않을 것이다.

그렇다고 본다면 인간은 결국 부와 명예를 가지고 억지로 명당을 사겠다는 허욕은 용납되지 않는다.

이것은 과거 뿐 만 아니라 현재까지도 마찬가지이다. 부모나 조상을 진정한 효심으로 맑은 氣가 감도는 길지에 모시어 조상의 시신이 편안하게 잠든다는 생각으로 명당을 구해야 할 것이다.

명당은 수박 덩어리와 같다

  명당이란 풍수용어에서는 혈(穴)이라고 호칭하게 된다. 처음 풍수지리를 공부할 때에는 그저 명당이라는 표현만 할 뿐이지 혈이란 말도 풍수지리에 어느 정도 익숙해졌을 때 쓰는 말이다.

그런데 명당을 수박덩어리와 같다하여 붙여진 이름도 동서고금을 막론하고 어느 고서에서도 찾아볼 수가 없다. 그런데 필자가 풍수지리를 오랫동안 연구하면서 현장을 답사하면서 혈의 생김새를 보고 느낀 공통점을 두고 수박덩어리와 유사하다하여 붙여진 명칭이다.

　명당이란 크고 작고 생긴 형태가 천태만상이다. 그러나 한 가지 공통점이 있다면 氣가 모이는 혈판이 둥글고 뭉쳐 있다는 점이다.

　그래서 선대들의 풍수지리에서는 국반급, 도반급, 향반급의 칭호를 사용하기도 하였다. 그리고 혈이 크게 되면 국반급, 중간 정도를 도반급, 혈이 적은 것을 향반급으로 분류하였다. 그러나 엄밀히 따지고 보면 혈이란 그 크기가 하나도 같은 것이 없다. 각자가 다른 차이점을 가지고 있다.

　혈의 형태는 과일의 열매와 같다. 그래서 과일 중에서도 수박이 으뜸이므로 가장 큰 혈을 두고 수박덩어리와 같다고 표현하게 된다. 그리고 그 다음이 참외 또는 사과를 들 수 있다. 그리고 혈이 적다 싶으면 밤톨만하다고 본다.

　공식적인 명칭은 아니지만 식물의 열매에 비유한 것이 가장 적절할지 모른다. 천하명당에 천하길지이다. 이러한 표현보다는 구체적으로 크기를 보고 명칭을 불러 주어야 한다는 생각이다. 그렇다고 명당을 물건처럼 小中大로 구분 할 수도 없는 노릇이다. 자연의 생김새는 천태만상이다. 그래서 풍수지리에서는 산을 용으로 비유하기도 하고 산맥을 구렁이가 기어가는 형태로 또는 산을 바가지를 하나 엎어 놓은 모양으로 보기도 한다.

그래서 필자는 풍수지리를 강의 할 때에도 제일 좋은 산을 찾을 때에는 바가지를 하나 엎어 놓은 것 같은 모양을 찾으라는 말을 한다. 그 말은 산이 길게 뻗어 나가서 외소하지 않고 덩어리가 뭉쳐있게 되면 좋다는 뜻이다. 결국 명당에 혈이 이루어지려면 수박 덩어리 같이 둥글고 뭉쳐 있는 곳에서 혈이 만들어 진다는 뜻이다.

과일도 둥글고 큰 것이 먹을 것이 있고 넓적하거나 길게 생겨서 외소하면 껍질은 많고 알맹이가 적어서 먹을 것이 없는 것이 분명하다.

그래서 명당이란 그 생김새가 과일에 비유하는 것이 가장 부르기도 좋고 자연과 그 유사성이 깊다고 생각이 되므로 부르는 명칭이다.

공주 갑부 김 갑순 모친(母親) 산소
명당이다

[충남 공주시 계룡면 소재. 김 갑순 모친 묘]

　과거 공주 갑부 김 갑순은 어머니의 묘지를 천하의 명
당에 모셨다는데 그 어머니의 묘가 충남 공주시 계룡면
주왕리 소재에 있다.

본래 김 갑순의 어머니는 홀로되어서 주막집을 하면서 김 갑순을 키웠다고 하는데 이후 어머니가 돌아가시자 정성껏 치산을 하였다고 한다.

명당길지에 묻히려면 3代를 적선을 하고 공덕을 쌓아야 한다는데 이렇게 오악(五嶽)이 잘 들어맞는 천하의 길지에 묻히기가 매우 어렵다는 이야기다.

풍수지리에서 오악이란 입수(入首)와 양쪽 선익(蟬翼)과 당판(當坂) 그리고 당판을 받쳐 주는 전순(氈脣)을 말함이다.

이 곳에 산은 해발 500~600 미터 쯤 되는 산으로 꽤 높은 장소로 주산 팔부 능선에서 높게 결혈이 되어 명당이 이루어 졌는데 입수가 잘 되었고 선익이 뚜렷하고 당판이 넉넉하여 매우 큰 혈이며 전순이 당판을 잘 받쳐줌으로서 천하의 길지로 와겸유돌(窩鉗乳突)의 사상혈 중에 돌혈(突穴)에 속하고 덩어리가 무척 크다.

이렇게 오악에 어긋남이 없는 명혈 길지에 치산하는 것이 결코 쉽지 않았을 터인데 예부터 땅은 주인이 있으며 임자가 오지 않으면 하늘이 숨기고 땅이 가린다는 것이어서 공을 들이고 적선을 하지 않으면 불가능한 일이라는 것이다.

이 곳은 남쪽에서 북향으로 바라보는 오좌(午坐)로 신

(申) 방위에서 귀사(貴砂)에 의해서 거부가 난다는 것으로 김 갑순은 큰 벼슬은 하지 못했으나 거부(巨富)가 되었다. 이 곳은 결혈처(結穴處)가 너무 높은데다가 경사가 가파른 것이 흠이다. 이렇게 생기면 속발속기(速發速起)를 할 수는 있으나 혈의 생기가 오래 머물지 못하는 단점이 있게 된다.

김 영삼 전대통령 모친 산소 명당이다

[김 영삼 전대통령 모친 묘]

1993년에 대한민국 제 14대 대통령으로 김 영삼 전대통령이 당선이 되었다. 그 당시 김 전대통령의 고향인 거제도에는 국내외 풍수사들이 대거 몰려들었다. 제주도는 땅

밑이 석회암으로 되어 있기 때문에 처음에는 반신반의하였는데 막상 거제도에 가 보니 산의 지세가 너무도 좋고 토질이 양명하여 명당이 많이 있겠다는 느낌을 한눈에 받았다.

김 전대통령에 생가에는 일본 대학에서 풍수지리를 연구하기 위해 모여든 200여 명의 학생들도 있었다. 일본에는 풍수지리 학과가 13개 이상이 있는데 한국의 역대 대통령 생가를 연구하려고 왔다는 것이다.

일본에는 대학에서 풍수지리를 많이 가르치고 있으며 우리나라와 같이 풍수지리를 미신처럼 여기지 도 않고 학문적이고 체계적으로 오래 전부터 연구하며 발전을 하고 있다는 것이다.

과거 일제 강점기 때 일본이 우리나라의 각 명소마다 혈을 자르고 쇠말뚝을 박았던 흉악한 일이 있었는데 현재까지도 산에는 그 흔적이 남아 있다.

이러한 행위를 보면 일본이 그 전부터 풍수지리를 얼마나 신봉하였는지를 알 수 있는 대목이다.

김 전대통령의 생가에는 현재에는 대문과 집의 주가 맞지 않는데 예전에는 대문이 앞쪽에 있었다. 돌아서 다니는 불편함이 있어서 옆쪽으로 대문을 다시 내었다고 한다.

그리고 생가의 뒤쪽에 있는 고조부의 산소는 보기 드문

와혈(窩穴)이고 건너편에 있는 모친의 산소 역시 명당으로 혈이 맺힌 산은 직용(直龍)으로 뻗어 내려왔지만 생용이 되었고 토질에는 생기가 충만 하고 혈처(穴處)에 가서 뭉쳐지면서 유혈이 되어 대단히 좋은 명당이 되었는데 특히 명당 중에서도 유혈(乳穴)이 되면 부(富)를 누리게 된다.

그러나 용이 내려오면서 변화된 곳이 없다는 것과 전순 앞쪽에 바로 바다가 보이다보니 암석이 놓은 낭떠러지와 바닷물의 파도가 철썩거리는 단점이 있다.

전순 앞에서 바다물이 철썩철썩 대면 그 후손들 중에는 근심이 많다하였다. 그리고 혈처로 내려오는 용맥(龍脈)이 변화가 없고 직선이면 그 후손들이 단순하고 성격이 꼿꼿하다 하였으니 이것은 명당마다의 특성이 다르다.

그러나 혈상이 단단하고 명혈로 이루어지면 근본적으로 발복이 따르게 되고 우리나라에 역대 대통령의 조상 중에는 큰 명당에 모신 예가 많다.

김 삿갓은 명당자리에서 시(詩)를 읊었다

[영월군 화풍면 와석리 소재. 방랑 시인 김 삿갓 묘소]

강원도 영월군 화풍면 와석리에 방랑 시인 김 삿갓 (본명 김병연) 풍월시인의 묘지가 있다. 김 삿갓의 묘소 바로 위 골짜기에 두 집이 살고 있는데 그 집들의 주위를 한바

퀴 돌아보니 명당이 있었다. 영월의 산세는 높고 험준한데 주산에서 맥을 이어 내려와 그 곳에 고개를 돌리면서 마치 밤톨 같은 혈을 하나 만들었다.

태산 밑의 산리를 따라 혈상은 밝고 천옥 같은 골짜기인데도 그 곳에 서면 마치 넓은 들판을 보는 것 같은 평온한 형상을 만들었다.

이 집 주인은 이 곳에 와서 터전을 잡고 산지도 아들까지 4代 째라는 것이다. 그 집은 바로 명당자리 옆에 붙어 있다.

이 곳에 지명이 와석리 버들고개인데 과거 김 삿갓 방랑시인이 이 자리에 앉아서 시(詩)를 읊었다고 한다. 김 삿갓 시 중에서 버들고개라는 시도 그 때 지어졌다.

명당에 묻히려면 3代를 적선하고 공을 들여야 한다더니 바로 이 사람들이 이 땅의 임자라는 생각이 들었다. 이 곳에 지명이 와석리인데 혈 또한 와상(窩相)의 혈을 만들었다.

밭 한구석에는 묘가 있는데 그 속에는 잡초가 무성하게 덮여 있고 어머님이 돌아가시면 장래에 아버지 묘를 이 곳에 합장을 한다고 하였다.

할아버지의 유언도 이 곳을 떠나지 말고 살라고 했다는 것이다. 생기를 받고 태어나면 머리가 명석하여 사회에서 인정을 받아서 출세를 하게 되는 것인데 이 곳이야 말로 산골짜기에서 태어나 자라면서 자녀들이 학원을 한 번도 가지 않고 서울에 있는 대학에 다닌다고 하였다.

방랑 시인 김 삿갓은 조선 왕조 후기에 태어나서 봉건 사회의 구조적이고 규범적인 가치관이 무너져가고 신분 사회의 변혁이 싹트기 시작할 무렵 사회의 혼란기를 넘겨야 하는 한 천재 시인이 겪어야 했던 정치적 이념이야 생각만 하여도 이해가 간다.

많은 재능과 기질을 사회에 환원하지 못하고 세상 속에서 오직 삿갓 하나만으로 하늘을 가린 채 방랑 생활로 일생을 살다간 낭만 지식인이었던 것이다.

삿갓으로 하늘을 가릴 만한 이유가 어떻든 간에 인생을 송두리 채 대 자연에 떠맡기고 시 한수로 일생을 살다간 어찌 보면 인생의 허무함과 행복감을 동시에 뇌리를 스치게 하는 대목이다.

김 삿갓이 앉아서 시를 읊었다는 자리는 명당이었으나 정작 김 삿갓 자신은 명당이 아닌 곳에 묻혀 있지만 아마도 氣가 많은 명당자리에서 좋은 氣를 받고 시를 읊음으로서 좋은 명시가 나오게 되었으리라는 생각이다.

명당은 토질이 밝고 양명해야 한다

　산은 氣가 있으면서 양명해야 하는데 양명하다는 말은 토질이 밝고 환해야 한다는 뜻이다. 위에 보이는 곳은 산세가 좋고 밝다. 풍수지리에서 밝은 것은 귀(貴)요, 뭉쳐진 덩어리는 부(富)를 상징하는데 이 산도 중첩이 되어서 산세가 몽글몽글하게 뭉쳐진 덩어리가 많고 소나무의 색깔이 황금색깔을 띄고 있다.

산이란 토질이 밝고 양명하면 나무의 색깔도 따라서 밝고 훤하게 빛이 나게 된다. 산을 볼 때에는 기본적으로 밝고 어두움을 잘 구분 할 필요가 있다.

어떠한 곳은 침침하고 습기가 많아서 나무나 풀의 색깔이 검게 보이게 된다. 그러한 곳은 대부분 햇빛이 잘 들지 않는 음지이다.

토질은 태양이 잘 들고 건조해야 할 것이며 흙의 색깔은 황금색을 띄고 있어야 하는 것이 첫째 조건이다. 토질이 좋으면 이것은 무해무덕하다해서 무해지지(無害地支)라고 한다.

우리 인간은 살아가면서 흙을 멀리 할 수 없다. 흙에서 태어나서 흙에서 나고 자란 곡식물을 먹고 살아 가기 때문이다. 그리고 일생을 살다가 수명을 다하게 되면 결국은 흙 속에 묻히게 되는 까닭이다. 그래서 우리는 흙을 볼 때 좋은 흙과 나쁜 흙을 구분을 할 줄 아는 것은 풍수지리를 떠나서 가장 기본적인 상식이 아닐 수가 없다.

전 두환 전대통령의 선친 산소 천하명당

[경상남도 합천군 소재. 전 두환 전대통령 선친 산소]

경남 합천군 율곡면 일명 지릿재 정상에 있는 전두환 전대통령의 선친 묘소 역시 많은 풍수지리가의 관심을 끌었다.

사람이 출세를 한다든지 부자가 되면 터무니 없는 곳도 명당이라고 우기는 경우가 있다. 혈(穴)을 보자면 도안(道眼)하여 산리를 통달해야 혈을 볼 수 있다. 그래서 과거부터 일세기에 한 사람 정도가 혈을 볼 줄 안다고 하였으므로 그렇게 쉽게 혈이다, 혈이 아니다라고 논 할 수 있는 것이 아니다.

이 곳에 지세는 태조산의 기맥(氣脈)이 주산까지 흘러와 일기일복(一起一伏)하고 높고 낮음이 분명하고 산세가 장엄하다.

산이 양명하고 높으면서 마치 배 속에 태아와 같이 둥글고 혈판이 기울지 않고 평정하여 산세가 험하지 않으면서 혈판(穴坂)이 단단하고 용호의 국세가 안혹하고 보국이 잘 되어서 장풍을 막아주고 있다. 또한 입수가 약간 넓고 선익이 당판을 잘 보호하면서 뚜렷하고 전순은 새부리와 같이 길게 받쳐주고 있으며 당판도 넓어서 아주 길(吉)한 혈이 된다.

와겸유돌(窩鉗乳突)의 사상론 중 유혈로서 오악을 모두 갖춘 대 길지의 결혈(結穴)을 이룸으로써 수박덩어리에 버금가는 천하의 길지이다.

나무꾼이 명당 잡더라

풍수지리에서 말하는 명당론이란 육가원칙(六可原則)으로 이루어져 있다. 명당의 특징은 날씨가 추울 때에는 따뜻하고 날씨가 더울 때에는 시원하다는 것이다.

겨울에 산에서 나무를 해오다가 쉴 수 있는 따뜻한 장

소이고 여름에 산에서 퇴비를 마련하기 위해서 풀을 베어 오다가 쉬는 곳이 시원해야 할 것이다.

자연의 조화로서 땅에서 나오는 지기(地氣)와 위에서 불어오는 바람 즉 천기(天氣)가 자연적으로 조절이 잘 되며 비가 아무리 많이 와도 물이 차지 않고 날씨가 아무리 가물어도 명당에 잔디는 타죽지 않는 것이 특징이다.

이러한 사실은 우리 조상들이 대대손손이 살아오면서 얻은 지혜와 경험일 것이다. 누구나 어린시절 어른들을 따라서 산에 가 본 일이 있겠지만 나무꾼이 쉬는 장소는 정해져 있다. 여름에는 시원하고 겨울에는 따뜻하여 옛날부터 나무꾼이 명당 잡더라는 말이 거짓이 아니다.

그리고 이러한 자리는 풍수지리의 사상론에서 말하는 형국이 거의 갖추어져 있다. 물론 오악(五嶽)에서 말하는 입수나 선익, 혈판, 전순이 모두 갖추어져 있는 곳이야 드물겠지만 마을 단위로 제일 좋은 길지임에는 틀림없어서 쉬는 자리도 정해져 있더라는 이야기다. 명당의 이론에서 가장 상식적으로 알아야 할 것이 토질이며 겨울에 따뜻하고 여름에 시원한 곳이라면 꼭 명당 혈을 맺지 않더라도 최소한 무해지지는 될 수가 있다.

구(舊) 광(壙) 터에 묘 쓰지 말라는데

묘를 썼다가 파서 옮겨간 자리를 구 광(壙) 터, 또는 구 묘(墓) 터라고 한다. 남이 묘지를 했던 곳으로 이장해간 자리를 말함이다.

대부분은 자리가 좋지 못해서 묘를 다른 데로 옮기게

되고 자리가 좋다면 옮겨갈 이유가 없었을 것이다. 그래서 묘지를 했다가 파간 자리는 모두 안 좋은 자리로 생각하기 쉽다. 설령 명당이라도 먼저 쓴 사람이 발복을 다 받아가고 지기(地氣)가 없어졌다고 생각하는 경우도 있다.

그런데 구 광 터라도 명당 혈이 되어 있다면 그 곳에 유골을 묻고 나서 1년 이내에 뼈가 황골로 변하게 되므로 비록 묘를 파 나간자리라 하더라도 뼈가 황골이 되었다면 그 곳이 명당이라는 증거가 된다. 실제로 묘지를 했다가 사정에 의해서 파간 자리에 시꺼먼 유골을 매장을 했다가 1년 후에 파보니 황골로 변해 있더라는 것이다.

황골로 변한다는 것은 땅에 지기(地氣)가 있기 때문이다. 명당의 원리는 지기가 모여서 감돌고 있는 것을 말한다. 그래서 이러한 명당자리는 재(再) 매장을 해도 된다.

천태만상의 땅이 있고 언뜻 보기에 혈(穴)과 같이 생긴 땅도 많아서 풍수지리를 오래 연구하고 많은 경험이 있는 사람이 아니고서는 좋은 자리를 식별하기가 어렵다. 그러나 뼈가 황골로 변했다는 것은 두말 할 나위 없이 명당인 것이다.

조상을 명당 길지에 안장하게 되면 조상의 뼈는 생기를 받아서 누렇게 황금덩어리 같이 변하게 되고 조상의 뼈에 氣가 충만하면 유전적으로 동기감응(同氣感應)을 일으키게 되므로 그 교감이 후손에게 전달이 되면 후손은 머리가 명석하고 건강하여 매사에 올바른 생각을 가지게 된다.

과거에는 명당의 길지를 파서 옮겨 가는 예가 매우 드물었고 대부분 옮겨가는 자리라 하면 못쓰는 자리 망지가 많아서 재 매장하는 경우가 없었다.

그러나 요즘은 시대가 변하여 조상들의 묘지가 사방팔방에 흩어져 있는 것이 관리하기가 어려워 관리가 편리한 곳으로 이장하는 경우가 많이 있으므로 본래 있었던 묘터 중에서도 참으로 좋은 명당이 간혹 있게 된다.

유골을 파낼 때 황골이 나왔다면 이것은 분명 명당이므로 이장하지 않는 것이 좋다. 간혹 먼저 있었던 유골이 氣를 다 받았다는 설도 있으나 땅의 지기는 항상 머물기 마련이다.

생땅은 아무리 풍수지리에 능한 사람이라 하더라도 간혹 실수를 할 수 있기 때문에 이장해간 자리 중 황골이 나온 자리는 명당으로 증명이 된 자리이므로 진정으로 안전한 명당이다. 그래서 그 자리에는 안심하고 묘를 쓸 수가 있는 것이다.

논밭에 묘지는 좋지 않다

　최근에는 시골에서 도시로 몰려들어 살게 되면서 요즈음에는 농촌에 사람들이 많이 살지 않는다.

　그래서 과거 농촌은 옥로였는데 최근에는 묘지로 변한 곳이 많이 있다. 이 묘지도 과거에는 농지였음이 분명하다.

어떠한 곳에는 밭은 물론 논에까지 묘지를 하는 경우가 많다. 과거 논이나 밭이라면 땅을 파헤치고 퇴비를 주고 물을 대어주는 관계로 인하여 몇 자를 파내려가도 땅에 氣가 없어서 푸석 푸석하게 부식이 되어 있는데 농약과 화학약품 등의 물질로 인하여 토양이 산성화가 되어 氣가 소멸이 된 땅도 있다.

자손 대대로 농사를 짓고 살아야 하는 농지에다 묘지를 하면서 훼손을 해야 할 이유가 없으므로 되도록 산이 많은 우리나라에서는 산에다 묘를 쓰고 조상을 모시는 미덕이 필요하다.

우리 조상들은 대대로 산에다 조상을 모시고 살아온 관계로 산을 아끼고 산을 숭배하는 사상이 베여 있다. 그래서 우리 민족을 산의 자식이라고 하는 것이다.

산의 영원함을 믿고 산신제를 지내기도 하고 우리나라는 국토에 70%가 산으로써 국가에 자원이 된다.

산이 많은 나라에서 산을 잘 활용하면 틀림없이 부유한 국가가 될 수 있다. 조상을 정성스럽게 산에 모시되 크게 훼손을 하거나 많은 축대를 쌓지 말고 석물을 많이 해서도 안 된다.

국토가 점차적으로 오염이 되면 회복이 불가능한 이유이다. 전답이란 우리 조상들이 대대로 가꾸어서 앞으로 우리 후손들에게 다시 물려주어야 할 땅이고 또한 수 년 동안 퇴비로 가꾸어 온 땅인지라 무기질이 풍부해서 곡식을 가꾸는 데는 좋을지 몰라도 묘지를 하는 데에는 좋지 않다.

무덤을 하는 데에는 산의 맥(脈)이 흘러들어 생기가 모여 있어야 하고 토질이 밝고 양명해야 하며 모든 국세를 다 갖춘 명당이야 찾지 못하더라도 최소한 무해지지라도 골라서 체백(體魄)이 소골이 되지 않도록 치산한다면 좋은 길지가 될 수 있다.

우리 인간은 순수한 자연에서 왔다가 자연 속에서 살다가 자연 속으로 돌아가는데 최소한 때 묻지 아니하고 깨끗한 땅으로 되돌아가야 할 것이다.

자식들이 정성을 다해서 명당 못지않은 무해지지라도 골라서 치산한다면 누구라도 복(福)을 누리게 될 것이다.

명당은 바가지를 엎어 놓은 모양이다

[충청남도 공주시 계룡면 부근 명당지]

충남 공주시 계룡면 근처에 있는 한 명당이다. 많은 사
람들이 바로 길 옆 인데도 수 천 년 동안 찾지 못하고 지
금까지 남아 있는 명당자리다. 차를 타고 지나가다가 눈앞

에 명당같이 생긴 산이 보여서 차를 세워놓고 사진을 찍게 되었다.

명당이란 사람들의 눈에 잘 띄지 않을 뿐 아니라 설령 눈에 보인다 하더라도 남의 산에 명당이 있으면 아무런 소용이 없다. 더구나 산의 주인이 풍수지리에 관심이 없거나 그 주인이 운이 없어서 명당을 볼 줄 아는 지관을 만나지 못하면 명당이 있어도 쓰지 못하게 된다.

그래서 명당은 아무에게나 주어지는 것이 아니라는 것이다. 예부터 땅은 임자가 따로 있다고 말했듯이 덕을 쌓고 명당을 구하려는 의욕과 노력이 있으면 어느 때인가 땅의 주인이 나타나서 자연히 눈에 띄게 될 것이다.

수 백 년 동안 사람들이 수없이 지나다니는 길목인데도 정녕 명당이 눈에 띄지가 않아서 아직도 비어있는 자리가 허다하다. 그것 또한 임자를 만나지 못해서 그러한 이유이다. 그래서 영구불변한 것이 바로 명당인 것이다.

수맥과 풍수지리

　풍수지리에서 양택 풍수란 사람이 살 수 있도록 환경이 조성이 잘 되어 있는 곳을 말함이다. 외부로부터 바람을 막아주고 가까운 곳에서 좋은 물이 얻어짐으로써 사람이 살아가는데 가장 적당한 조건이 이루어진 곳이 된다.

　수맥에 관해서 세밀하게 관찰을 해 보면 우리가 살고 있는 땅 속에는 대부분 물이 흐르게 되어 있는데 얼마나 깊은 땅속에서 흐르는 가와 얼마나 많은 양이 흐르는 가에 수맥의 측정이 다를 것이다.

　얼마나 많은 물줄기를 이루고 흘러가느냐에 따라서 땅 위에서 일어나는 반응을 알 수 있다. 수맥이란 몇 백 년 내지는 몇 천 년의 세월을 거쳐 땅속으로 흐르게 되면 땅이 습기로 부식이 되고 부식 된 땅 위에는 수맥의 파장이 일어나게 된다.

　이러한 수맥의 파장은 인체나 동물에게 전달이 되어지면 치명적인 나쁜 영향을 주게 된다. 살아 움직이는 동물이나 인간은 양(陽)적인데 비해 수맥파장은 음(陰)적이다.

또한 그 독성이 대단하여 수맥파가 일어나는 곳에서 오래
도록 머물면 혈액순환이 잘 되지 않고 혈액순환의 원동력
인 氣를 차단하여 각종 암이나 질병에 걸리게 되는 것이
수맥의 이론이다.

풍수지리적으로 맞지 않는 곳에는 반드시 수맥 봉이 돌
아가고 좋은 땅에서는 한결같이 수맥 반응이 나타나지 않
는 공통점이 있다. 사무실에 책상이 놓인 위치를 보면 앉
은 자리에 따라 출입문과 잘 맞춰져 있는 곳에는 수맥 반
응이 나타나지 않고 자리가 출입문과 비틀어져 있는 곳에
는 반드시 수맥봉이 돌아가고 수맥이 감지되는 것이다.

암행어사 박 문수의 명당설

조선왕조 500年 동안 암행어사하면 가장 먼저 박 문수를 떠올릴 것이다. 일설에 의하면 박 문수는 암행어사 시절에 어느 고을을 지나가다가 애통한 여자의 울음소리가 들려서 그 집을 찾아갔다고 하는데 울고 있던 여자는 결혼도 하지 못한 처녀였다고 한다.

그 처녀의 아버지는 생전에 유명한 풍수라서 직접 명당을 찾아서 묻혔다는데 고을원이 이 사실을 알고 하인들을 시켜서 그 묘를 몰래 파내고 자신에 부친의 시신과 바꿔 묻고서 처녀의 아버지의 시신을 숲 속에 내다버렸다는 것이다.

이 후 그 처녀의 꿈에 밤마다 아버지가 나타나서 '내가 지금 집에서 쫓겨나 있는데 너는 무엇을 하고 있느냐' 하며 나오신다는 이야기였다.

암행어사 박 문수는 이 모든 것이 고을원의 짓이라는 것을 알고 지나가는 과객으로 가장하여 고을원 집에 찾아가 하룻밤을 묵고 가자고 청을 한 뒤에 본인이 명당을 잘 본다고 하며 고을원을 유인하였다.

명당에 대해서 이야기를 나누다가 이 집에 명당을 쓰기는 했는데 시신이 바뀌었다고 하였다. 고을원은 놀라 박문수에게 사실을 밝히고 잘못을 빌었다.

그리고 숲 속에 버려진 처녀의 아버지 시신을 찾아 다시 그 자리에 묻어주었다. 이후 박 문수도 나이가 들면서 관직에서 물러나고 자기가 묻힐 명당자리를 찾기 위해서 유명한 풍수사와 이 산 저 산을 찾아다니는데 지금의 독립 기념관이 있던 자리에서 쉬고 있었다. 그런데 갑자기 어떤 노인이 홀연히 나타나 '그 자리는 당신이 묻힐 자리가 아니오' 라고 하는 것이다.

노인은 그 자리는 장래에 국가에서 필요로 하는 땅이지 개인이 묻힐 자리가 못 된다고 하며 박 문수에게 큰 절을 하면서 수 년 전 묘지에서 쫓겨나 있을 때 시신을 찾아서 다시 묻어 주어서 고맙다고 하고 이번에는 박 문수의 자리를 찾아 주겠다며 충남 천안시 북면 은지리 소재에 있는 은석산을 가리켰다.

그렇다면 신이 잡아준 자리일진데 풍수지리를 연구하는 입장에서 얼마나 좋은 명당이 되었는지 찾아가 보지 않을 수 없었다.

묘지를 올라가는 산자락에 암행어사 박 문수의 생가가

있고 그 곳에는 지금도 후손이 살고 있으며 묘지까지는 비탈길로 1000m 이상 되는 칠부 능선에 자리하고 있었다.

주산의 힘을 바로 받아서 왕 입수하여 용세가 장엄하고 멀리 천리를 바라볼 수 있도록 확 트인 것이 결혈을 할 수 있는 매우 귀(貴)한 자리로 와겸유돌(窩鉗乳突)의 사상론 중에서도 유혈(乳穴)에 해당하는 천하의 길지이다.

원래 큰 명당은 높은 산과 깊은 산에 있어야 귀한 법인데 만약 명당이 낮은 곳이나 사람들의 눈에 잘 띄는 곳에 있었다면 명당에 훼손이 심하였을 것이다. 평소에 은혜를 베풀면 본인에게도 되돌아온다는 교훈을 박 문수의 명당에 대한 설화에서 느낄 수 있다.

망우리 공동묘지에 명당이 많다

[서울시 중랑구 망우동 소재. 망우리 공동묘지]

서울에 살고 있는 사람이라면 아마도 망우리를 모르는 사람은 없을 것이다. 망우리하면 공동묘지가 있기 때문에 잘 알려진 곳이다. 태조 이 성계와 무학대사는 묘 자리를 잡아보고 돌아오는 길에 지금의 망우리 고개를 넘으면서 쉬었다가 가자고 하였다. 무학대사는 날이 저물어 오니 빨리 가야한다고 재촉을 하였다.

태조 이 성계는 망우리까지 정해 놓고 오는 길인데 뭐가 그리 바쁘게 서두르시오 하고는 천천히 쉬었다 가자고 하였다. 망우리란 여기서 나온 말로 죽은 자를 보고 망(亡)자라 불렀고 우리는 집을 말하는 것으로 죽어서 들어갈 집까지 장만해 놓았는데 뭐가 그리 바쁠 것이 있겠냐는 뜻이었다. 지금까지도 망우리라는 이름이 전해지고 있다.

지명 때문에 그런지 몰라도 이후에 공동묘지가 들어서게 되었다. 500여 년의 세월이 지나면서 망우리에는 죽은 자가 모여 들어서 공원묘지가 되었다.

전국에 있는 많은 곳을 돌아보면 지명대로 되어가는 일이 많다. 그래서 사람의 이름도 잘 지어야하고 지명도 무시할 수 없다. 이름이 나쁘면 아무리 좋은 일로 불러도 나쁘게 되고 이름이 좋으면 나쁜 일로 해서 불러도 이름이 좋으니 자동적으로 좋게 된다는 이치이다. 풍수지리를 공부하면서 전국으로 다녀보게 되면 이름에 걸맞게 발전이 되고 변해간다는 사실을 우리는 알 수가 있다.

풍수지리를 연구하다보면 지명 또한 현실과 맞아떨어지

는 예가 많다. 그리고 망우리 공원묘지에는 명당이 세 군데가 있다.

그 중에 풍수지리에서 말하는 금시발복하는 혈이 있는데 여기가 혈인지 모르고 묘를 쓴 사람도 몇 년 내로 하나같이 부자가 되고 유명해졌다. 그래서 나중에는 공동묘지가 아닌 다른 산을 사서 옮겨가곤 하는 곳이 있다.

심지어는 어떤 분이 부모를 좋은 명당길지를 찾을 때까지만 비어있는 이 묘지에다 모셨는데 유골(遺骨)을 가져가려고 보니 처음에 모실 때는 뼈의 색깔이 검은색이었는데 그 곳에 모시고 일년 동안에 유골은 노랗게 황골(黃骨)이 되어 있었다고 한다.

명당은 있다
현장감정예

제 7 장

亂齊 節高風淸

풍수학에서 말하는 방위

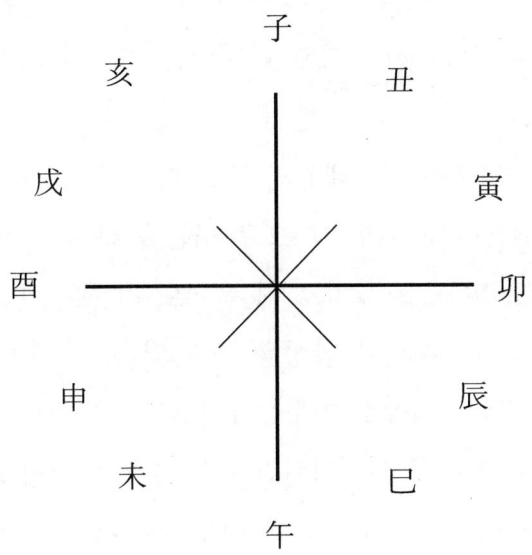

[풍수학의 방위]

　패철은 동서남북과 그 사이사이를 대각선으로 그어서 모두 8방위가 그려져 있다. 8방위를 주역에서 8괘라 부르기도 한다. 북극점과 남극점에는 자기장의 성질이 있는데 자석에서 밀어내는 성질과 당기는 성질 즉 플러스(+), 마이너스(-)에 의해서 남극점과 북극점 둘레에 유난히 氣가 많이 발산 된다.

예부터 양택에서 집을 지을 때에도 자좌오향(子坐午向)을 제일로 좋게 여겼다. 지구가 좌전하는 관계로 좌측으로 하루에 한바퀴씩 돌아가므로 아침에는 반드시 해가 동쪽에서 뜬다.

그래서 양택론에서는 태양의 氣를 가장 많이 받는 동사택(東舍宅)과 서사택(西舍宅)으로 구분을 하게 되었다. 우리 인체에도 피와 살 그리고 뼈 속에도 철분을 가진 관계로 지구의 자기(磁氣)와 합성을 하고 있다.

특히 동서남북 외에도 지구는 1년 365일을 태양 주위를 도는 과정에서 반듯하게 서서만 도는 것이 아니라 비스듬한 상태에서 돌거나 기울어 질 때도 있어서 그 사이사이를 정하여 8방위로 나누게 된 것이다.

천문학이 발전하면서 태양계와 지구가 돌아가는 궤도권을 정확히 따진다면 365방위까지 나누어야 정밀성이 있다고 하나 그렇게 세분화하지 않아도 우리 인간이 살아가면서 동서남북과 봄 여름 가을 겨울로 계산하듯이 이 정도만 구분을 지어도 된다.

엄밀히 따져서 지구와 태양이 일치하는 지점이 춘분(春

分)인데 이때 일어나는 에너지 즉 자기장의 성질이 방대하여 그 지점은 약 5km까지 영향을 끼친다고 한다. 풍수지리에서 주로 8방위를 많이 쓰지만 주역에서는 12방위로 계산을 한다.

12방위는 각 띠에 해당하는 십이지지(12地支)라고도 하는데 이것은 방위마다 열 두 종류의 동물을 배열하여 맞추어 놓은 것으로 방향성을 나타내고 여기에서부터 음양오행이 나오게 되었다.

동서남북과 중앙을 오행에 맞추고 사계절 또한 오행으로 지정하고 있다. 그래서 각 띠마다 성향이 다르므로 누워서 잠을 자는 방향도 사람마다 달라야 한다고 말하고 있다.

과거 중국에서는 천문학이 발전하면서 360도의 방위를 정하고 이것을 이용하여 패철을 만들었다.

패철은 나경이라고도 하는데 지구에서 발산하는 자기장이 인체에도 있다고 보고 여기에 천문학에서 말하는 오행을 적용하여 만들게 되었다.

예부터 패철을 몸에 지니고 다니면 사소한 잡귀가 달려들지 못한다고 하여 패철을 집에다 두거나 몸에 지니고 다니기도 한다.

방향에 살(殺)이란 무엇인가?

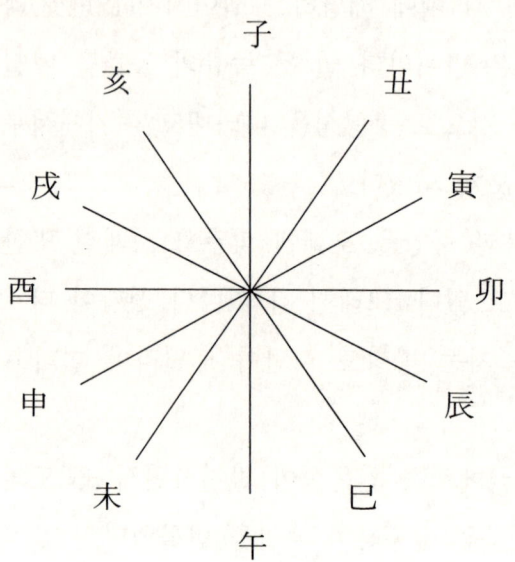

[방향에 살(殺)]

풍수지리에서는 방향을 매우 중요시 하고 있다. 음양오행에서 방향이 서로 마주 보고 충하는 곳을 살(殺)이라고 표현하기도 한다.

어느 방향은 대장군 방향이다, 어느 방향은 살(殺)이 있다고 하는 것으로 음양오행에서 서로 충하는 것을 뜻한다.

집을 지을 때에나 묘지를 할 때 방향을 대단히 중요시여기고 있고 대문을 살이 있는 방향으로 낸다든지, 안방을 살이 있는 방향과 정면으로 보고 짓게 되면 반드시 좋지 않은 것이다.

그렇다면 그 살이 무엇인지를 알면 누구나 쉽게 피할수가 있을 것이다. 살이란 쉽게 말해서 상충(相沖)하는 것으로 음양오행에서는 충이라고 하는데 상극하고 충돌하고 부딪치는 것이다.

집을 짓는데 안방에서 정면으로 쳐다보이는 곳에 뾰족한 산이 있다든지 뾰족한 지붕이 있다든지 아니면 바위돌이 흉한 모습으로 쳐다보인다거나 산이 움푹 파여 험하게 보이는 곳이나 산의 생김새가 험한 곳이 보이는 등 인공장애물이라도 험하게 보이는 것은 모두 충이 되는 곳으로 이러한 것들을 살이라고 말한다. 이러한 살을 피해서 집을 짓거나 묘를 쓰면 되는 것이다.

그래서 패철을 놓고 이리저리 재어보고 하는데 그렇다고 너무 방향만 돌린다고 되는 것은 아니다. 집이란 우리 인간의 안식처인 만큼 앉는 좌(坐)가 필요하다. 즉 자좌(子坐)냐 묘좌(卯坐)냐 하는 것인데 어느 좌가 되었건 간에 방향이 정확해야 하므로 좌를 잘 맞추어 놓고 앞에 있는 살충을 피해야 하기 때문에 이러할 때에는 전문가를 부를 필요가 있다.

만약 이러한 것을 피하지 않고 집을 짓는 것은 곧 대자연의 순행하는 질서를 무시하는 것이라 볼 수 있다. 이러한 것이 혹 미신으로 취급되어 무시되는 경우에 새집을 짓고 들어가서 가산이 파산하거나 가족 중에서 갑자기 불상사가 생기는 등 불운이 생길 수 있으므로 가상을 너무 쉽게 생각하면 곤란하다.

이러한 일이 발생한 집을 잘 유심히 살펴보면 반드시 살충하는 장애물이 있다든지 아니면 좌(坐)가 정확하지 않고 비틀어져 있다는 공통점이 있으므로 풍수지리에 신경을 쓰고 관심만 가진다면 이 같은 불상사를 미연에 방지할 수 있다고 보는 것이다.

가령 금년이 乙酉년이라면 충이 되는 곳은 卯방향이기 때문에 卯 방향에 집을 짓거나 공사를 하면 이롭지 않다. 간단한 오행의 기초를 공부를 하게 되면 누구나 응용을 할 수가 있다. 아래와 같이 상충하는 방위를 피하면 된다.

■ 상충(相沖)

子午는 충이 되는데 子水와 午火가 서로 만나면 극하게 된다.
丑未는 충이 되는데 丑土와 未土가 서로 만나면 극하게 된다.
寅申은 충이 되는데 寅木과 申金이 서로 만나면 극하게 된다.
卯酉는 충이 되는데 卯木과 酉金이 서로 만나면 극하게 된다.
辰戌은 충이 되는데 辰土와 戌土가 서로 만나면 충하게 된다.
巳亥는 충이 되는데 亥水와 巳火가 서로 만나면 극하게 된다.

패철은 천문도의 축소판이다

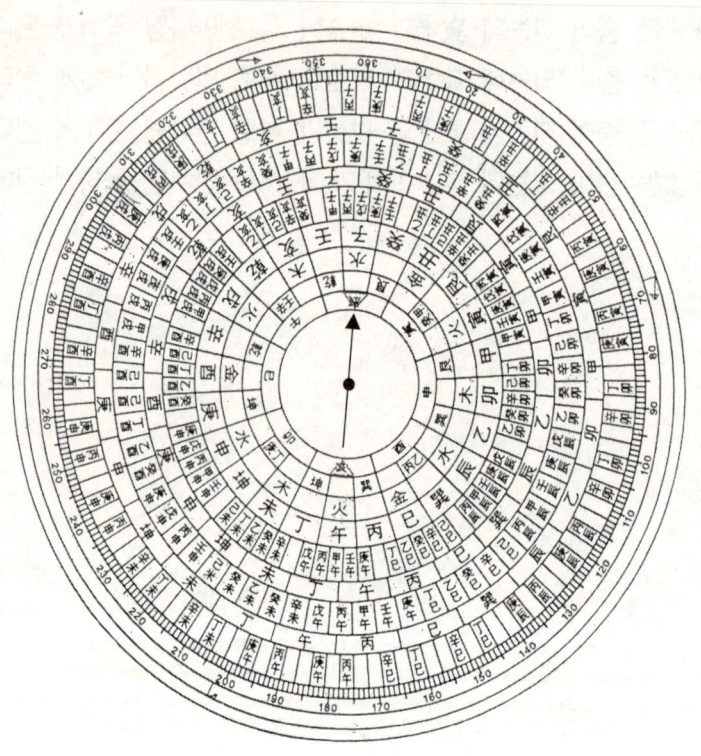

패철은 풍수지리에서 없어서는 아니 될 귀중한 도구이
다. 과거 중국에서부터 전해 내려오는 것으로 음택과 양택
을 연구하려면 패철은 필수적인 도구이다. 패철의 기본적
인 사용 용도는 동서남북을 나타내는 것만 아니라 8방위

를 정확하게 잴 수가 있다.

과거 세계사에서도 전쟁을 할 때 패철은 나침반이라 하여 필수적인 도구임에 틀림이 없다. 밀림 지대나 바다를 항해 할 때에도 꼭 있어야 한다.

패철은 자석으로 되어 있어서 지구가 남극과 북극점에서 발생하는 서로 밀고 당기는 자력(磁力)의 힘을 이용하여 패철의 침이 남북을 가리키는 원리이다. 패철의 판에는 24방위가 그려져 있으며 이를 적용하게 된다.

패철은 우주의 축소판이라하여 음양오행의 이치가 담겨져 있어서 패철을 몸에 소지하고 있으면 귀신도 못 달려든다는 말이 예부터 전해져 내려오고 있다. 과거 중국에서 36선까지 넣어서 사용했다는 설이 있으나 요즈음에는 많은 선이 필요하지 않고 축소 된 6선까지를 가장 유용하게 사용을 하고 있다.

- 패철의 제1선은 황천수의 물이 어느 쪽에서 들어와서 어느 쪽으로 나가는지 가름 한다.
- 패철의 제2선은 외부에서 들어오는 바람인 팔요풍을 측정하고 혈판에 살풍이 침입되었는지를 감지하게 된다.
- 패철의 제3선은 삼합 오행의 음양오행으로 화복을 논하게 된다.

- 패철의 제4선은 산의 기맥의 흐름을 측정하여 생룡과 사룡을 알 수 있다.
- 패철의 제5선은 분금법이라하여 재혈을 할 때 좌선과 우선을 구분하게 된다.
- 패철의 제6선은 오행으로 주변의 길사격을 논할 때 길흉화복을 논하게 된다.
- 패철의 제7선 이상은 이기론에서 간혹 사용을 하는 경우도 있으나 근좌에 와서는 크게 사용을 하지 않고 기본적으로 6선까지를 가장 많이 사용하게 된다.

음택 명당 재혈법(裁穴法)

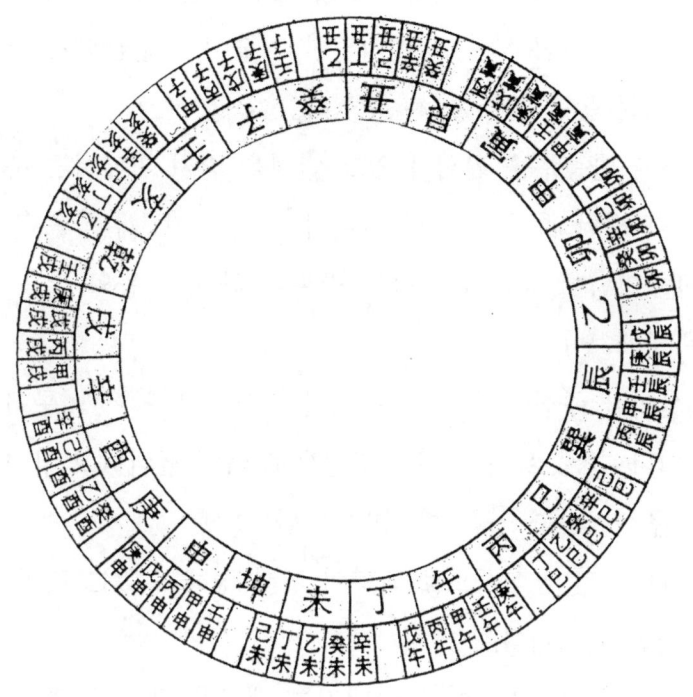

　명당혈 자리를 잡았다면 묘를 쓸 때 아무렇게나 쓸 수
가 없다. 좋은 자리인 만큼 심혈을 기울여서 패철을 가지
고 재혈(裁穴)을 해야 한다.

　풍수지리에서는 재혈법을 분금법(分金法)이라고도 한다.

재혈이란 혈의 맥에 따라서 패철로 재어서 맞춘다는 것이고 분금이라 함은 패철의 눈금이 1㎜ 씩 되는데 그 선에다 실이나 노끈으로 일직선으로 재어서 분금한다는 말이다.

과거 풍수사들은 풍수지리의 근본적인 학문의 연구가 미약했던 만큼 일반인은 정밀한 기술이나 분금까지 알려면 오래 동안 공부를 해야 했다.

소위 반풍수는 권위가 있고 인정을 받기 위해서는 분금을 잘 해야 한다, 조금만 돌아가도 안 된다, 재 혈을 잘못하면 명당에 효과가 없다고 발복이 없다. 등등의 말을 자주 하게 된다.

산이란 주산에서 흘러온 맥이 있어서 명당이 이루어진 것이다. 눈으로 봐서 어느 방향으로 맥이 흘러왔고 좌선이냐 우선이냐를 가름 할 수가 있다.

그렇다면 공식적으로 좌향이 이미 정해져 있는 것이 기본적인 이치이다.

그래서 풍수지리에 도안내지는 개안을 해서 경지에 오르게 되면 막대기 하나만 있어도 이리 저리 재어 보면 좌(坐)를 분별 할 수 있고 첫 눈에 훤히 알 수 있는 것이다. 그래서 여기 저기 패철을 놓아 보는 사람이라면 풍수지리에 능통하지 않거나 명당을 볼 줄 모른다고 보아도 된다.

가령 명당도 아닌 습기가 차고 나쁜 땅에다가 아무리

패철을 놓고 좌(坐)를 잘 놓아 본들 땅이 좋아져서 명당이 될 리가 없다.

그래서 기본적으로 좋은 땅을 찾는 것이 가장 중요하다는 것이다. 가령 명당이 되었다면 분금은 자연 상태에서 저절로 잘 정해져 있기 마련이다. 그것은 입수의 뒤 쪽에서 입수로 들어오는 맥을 보면 알 수가 있다.

명당의 재혈법(裁穴法)이란

[재혈(裁穴)]

　묘지를 할 때 광중(壙中)에 놓고 재혈을 하는 것을 재혈법이라고 하여 과거부터 중요하게 생각해 왔다. 그러나 분금법을 알고 보면 그리 어렵지가 않다. 산의 용맥이 내려온 지형대로 자연히 재혈을 하게 되어 있다. 분금을 조금만 공부하면 분금하기가 매우 쉽다. 그래서 분금을 하는데 많은 시간을 낭비할 것이 아니라 얼마나 좋은 땅을 골랐느냐에 따라 풍수지리의 본뜻이 있다 하겠다.

자리는 좋지 못한데 분금만 잘 한다고 해서 자리가 좋아질 리가 없다. 대부분 재혈을 할 때에는 실을 늘어트려서 재어야 하는데 알고 보면 실을 튕겨서 할 필요도 없다는 것이다. 그것은 패철을 잘 재어보게 되면 좌향이 쉽게 나오게 되는 이치이다.

산의 용맥에 의해서 자동적으로 재혈이 되어 있는 것으로 바르게 광중만 파서 하게 되면 약간 방향이 틀어져도 상관할 바가 못 된다. 물론 보기 좋게 가지런히 누워 있다면 좋지만 좋은 땅에 토질이 좋고 자리가 근본적으로 좋아야 한다.

풍수지리에서도 특히 이기론을 열심히 공부하는 이들은 패철을 가지고 이리저리 따지는 경우가 많은데 알고 보면 재혈법이란 산의 용맥에 따라서 이미 정해져 있다.

이것은 숙련된 사람들이라면 누구나 쉽게 할 수가 있다. 서적 명당의 기운에서는 누구나 쉽게 응용을 할 수 있도록 설명을 해 놓았으므로 참조하길 바란다.

명당의 혈판(穴坂)

　명당이 만들어 지는 것은 결코 쉬운 것이 아니다.

　자연의 조건 속에서 수 천 년을 풍화작용으로 깎이고 다듬어 지게 되어 천지조화로서 혈(穴)을 만들게 되는 것이다. 일반적으로 명당으로 부르지만 정확하게 혈이라고 부르게 된다. 혈판에서 생기가 빠져 나가게 되면 혈이 맺힐 수 없듯이 하나의 혈이 만들어 지게 되면 비바람이나 나무뿌리 기타 해충이나 잡풀마저도 명당의 혈판에서는 자라지 못한다.

- 혈판이 크고 풍만하면 자손들의 발복이 크다.
- 혈판에 귀석(貴石)이 있으면 관직에서 세도한다.
- 혈판이 양명하고 품질이 좋으면 귀격으로 후손들이 출세한다.
- 혈판이 덩어리가 크고 양명하면 부(富)로 보아 재벌이 된다.

※ 좌우선(左右旋)의 측정법

풍수지리 음택론에서 좌선이다 우선이다하는 말을 많이 듣게 될 것이다. 좌우선의 구분하는 방법은 정확하게 세분화하게 되면 패철의 5선에서 분금법 으로 보게 된다. 좌우선이란 혈을 맺기 위해서 2, 3절의 굴곡을 만들게 되는데 혈을 맺기 직전에 입수 뒤에서 변화를 주게 된다. 굴곡의 변화의 형태를 말하는 것이다.

가령 한쪽이 음굴처(陰屈處)를 만들기 위해서는 한쪽은 반대로 톡 튀어 오르게 된다. 그것을 양돌처(陽突處)라 부르게 되는데 이것이 우측에 있게 되면 반대로 좌선이 되고 반대로 좌측에 있게 되면 우선으로 보는 것이다.

가령 혈을 맺기 위해서는 기복의 변화를 하는 과정에서 입수 지점에서는 좌측이 아니면 우측으로 머리를 돌리게 되어 있다.

좌선 우선의 머리가 돌아간 방향에서 패철로서 측정하게 된다. 좌측이면 좌선이 우측이면 우선이라 부르게 된다. 그러나 주의할 것은 기복이 변화되는 과정에서 좌우로만 변화되는 것이 아니다.

상하로 변화할 수도 있고 직룡(直龍)으로 내려올 수도 있다는 것을 알고 있다면 이해가 빠를 것이다. 직룡(直龍)

이나 횡룡 입수인 경우에는 기복의 변화가 분명하지가 않아서 좌선인지 우선인지 구분하기가 분명하지가 않을 경우도 있다.

이럴 때에는 입수의 선익을 따라서 혈판을 감싸 안고 도는 선익을 잘 살피게 되면 분명히 한쪽이 두둑하다. 그리고 득수처를 잘 살피게 되면 알게 되는 것이다.

※ 좌우선(左右旋)의 구분

명당 혈이 맺게 되면 우선이냐 좌선이냐 하는 것부터 먼저 알아야 한다. 좌선의 경우 산맥이 내려 올 때 건해좌(乾亥坐)로 내려 와서 지각이 굴곡 변화가 되어서 임자(壬子)로 들어오게 된다. 산맥이 내려오면 지각의 변화를 가져오기 마련이다.

산의 지각이 2절위에서는 계축(癸丑)에서 건해(乾亥) 방위로 고개를 돌리게 되어 다시 지각 변동을 주면서 임자(壬子)가 되는 것이다. 패철로서 산의 맥이 생룡(生龍)인지 사룡(死龍)인지를 측정하려면 좌우와 중앙에서 재어 보면 알 수 있다. 좌선일 때에는 좌측 입수 끝에서 패철을 보게 되면 생룡인지 사룡인지 알 수가 있다.

혈판 분금법 - 좌선(左旋)

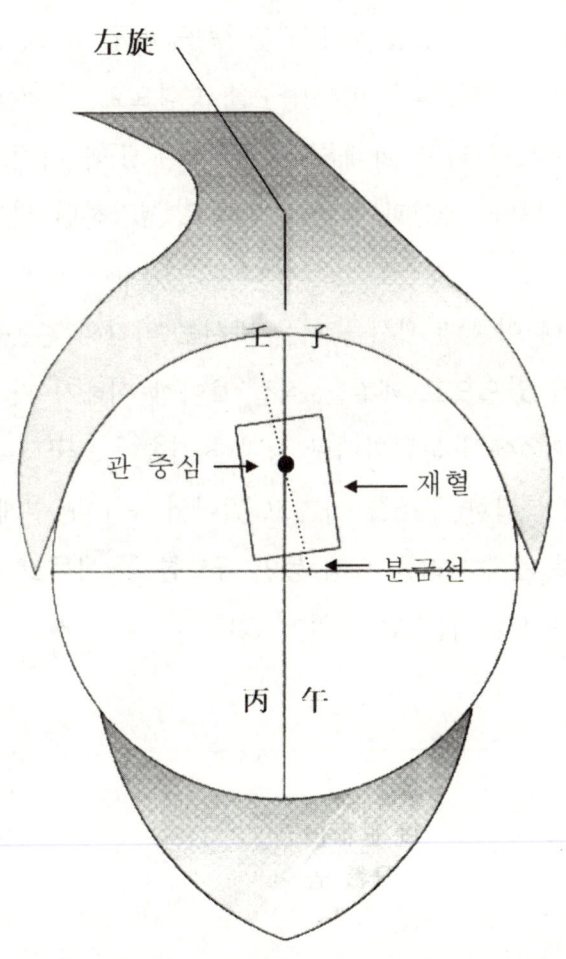

左旋

壬 子

관 중심 →　● ← 재혈

← 분금선

丙 午

※ 좌선(左旋)의 분금법

　분금법이란 패철 4선에서는 12지지마다 천간을 붙여서 12방위로 6개의 천간과 지지를 짝을 이루고 있다. 壬子의 경우에는 子의 5선을 보게 되면 甲子, 丙子, 戊子, 庚子, 壬子로 되어 있다. 좌선이면 甲子를 중심으로 丙午사이로 선이 지나가게 되고 아래쪽에는 庚午와 壬午 사이로 선을 맞추면 된다. 좌선과 우선을 반대로 생각하면 되는 것이다.

　그러나 이 부분에서는 책을 봐서는 약간의 혼돈을 가져올 수가 있으므로 패철을 직접 보아야 이해가 가능할 것이다. 패철에서 분금법이란 정밀한 기술이 요구 되고 패철 자체가 복잡한 구조를 가지고 있어서 누구나 쉽게 알 수는 없다. 풍수지리를 오래 동안 공부를 한 이들도 자칫 실수를 하기가 쉬운 면이 없지 않다.

혈판(穴坂) 분금법 – 우선(右旋)

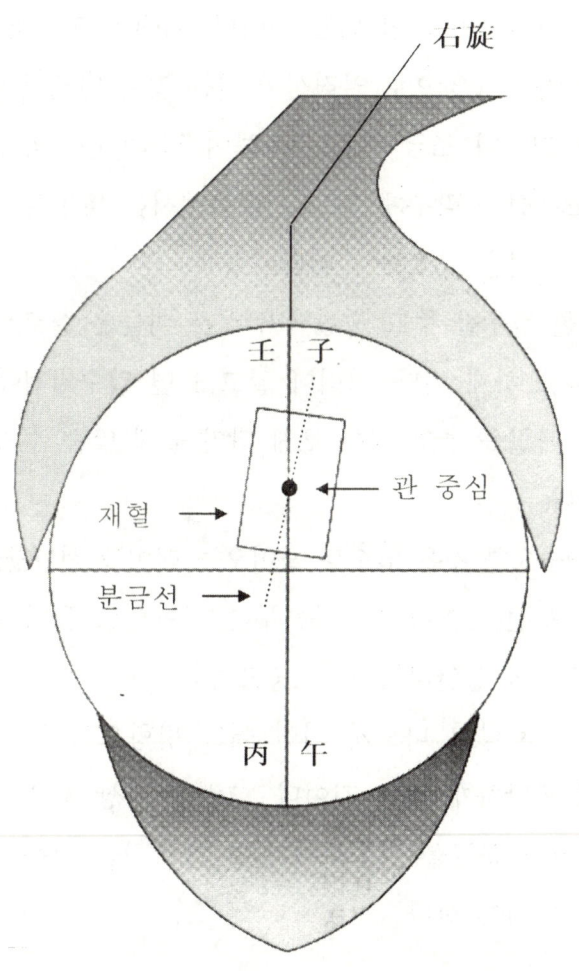

右旋

壬 子

관 중심

재혈 →

분금선 →

丙 午

※ 우선(右旋)의 분금법

우선의 분금법은 좌선과 반대로 재어 보면 되는 것이다. 壬子로 5등분이 되는데 아래쪽 반대향이 되는 丙午의 중심으로 일직선이 되면 되는 것이다. 위에서 壬子의 한 중앙에서 丙午 중앙으로 일직선이 되는 것은 언제나 마찬가지이다. 그러나 조금 더 세분화하여 5선의 甲子와 丙子의 중앙으로 선을 맞추게 되고 반대쪽에서는 庚午와 壬午의 중앙으로 선을 맞추는 것이다.

이러한 경우를 두고 숙련되지 않은 이들은 실로서 맞추고 분금을 하게 된다. 그러나 알고 보면 입수지점에서 막대기로 패철을 놓고 재어 보게 되면 쉽게 맞출 수가 있는 대목이다.

특히 중요한 것은 입수로 들어오는 맥이 좌선(左旋)인지 아니면 우선(右旋)인지 또는 무슨 좌향으로 들어 왔는지를 정확하게 판단하는 것이 중요하다.

정확한 좌향이 나오게 되면 어느 방향으로 분금을 할 것인지 판단하게 되는 것이다. 그런데 막상 좋은 자리를 잡아놓고도 분금을 잘못하여 일을 그르치는 경우도 있으므로 주의해야 한다.

패철 측정 방법

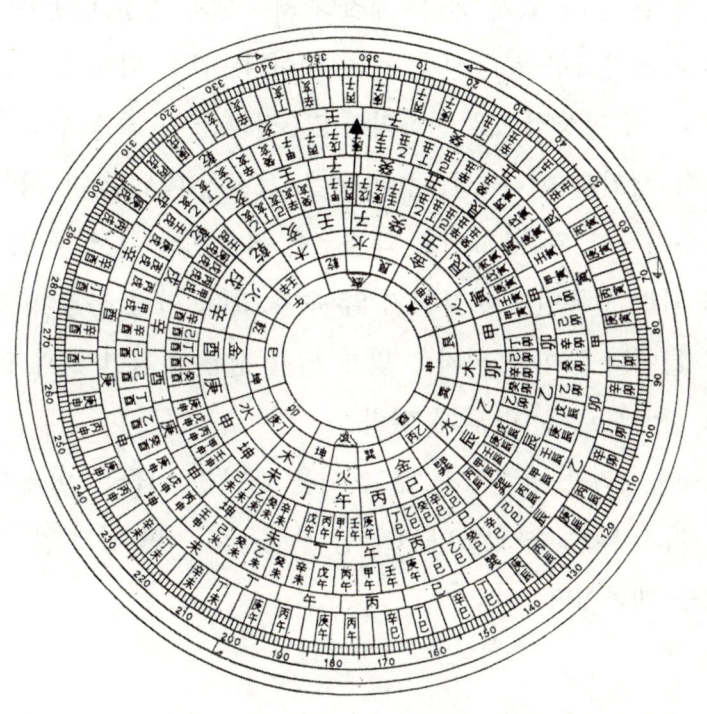

혈(穴)이 맺히면 주산에서 내려온 맥이 기복의 변화가 생기게 되는데 입수지점에 와서 기맥(氣脈)이 좌선으로 들어오는지 우선으로 들어오는지 구분하기 위해서는 좌선 이나 우선이냐 하는 것이다.

쉽게 말해서 氣가 당판으로 들어올 때 입수지점에서 우측으로 들어오는지 좌측으로 들어오는지를 알아야 한다. 관을 놓고서 분금을 하여 안산을 어느 쪽으로 입관할 것인지 알 수가 있게 된다. 패철의 좌우선의 측정 방법은 5선을 세분화한 분금선을 보는 것이다. 입수 뒤에서 내룡(來龍)이 정상적으로 변화되면 2, 3절의 굴곡 과정에서 기복이 생기게 된다. 굴(屈)한 쪽은 음굴처(陰屈處)가 되어 득수지격이 된다. 그리고 패철로서 좌우 방향에서 재어보게 되면 생룡인지 사룡인지 알 수가 있다. 가령 사룡이 되면 艮이나 寅이나 외자로 맞게 되고 생룡이 되면 艮과 寅의 중앙으로 선이 닿게 된다.

풍수지리를 공부하지 않고 처음 대하는 이들은 이해가 잘 가지 않을 수 있으나 조금만 관심을 가지면 쉽게 알 수 있는 대목이다.

납골묘도 명당이면 좋다

　동양의 풍수지리학은 중국의 황하강 유역에서부터 고대 인류의 문명이 발전하면서부터 시작이 되었다.

　과거 성현들은 인류가 세상을 살아가는데 편리하고 행복하게 살아가도록 학문을 발전시켰다. 이것은 수 천 년을 이어져 내려오면서 경험과 지혜로 보완되어 온 것이다.

인간이 태어나서 영양분을 섭취하다가 늙어서 생명을 다하여 죽게 되면 그 후손들은 부모나 조상을 지극한 정성으로 무덤으로 모시게 된다.

이것은 이 지구상에 많은 민족과 종교가 있어 장례나 무덤의 형태는 수 십 가지가 된다. 화장을 하는 불교가 있는가 하면 저 멀리 북극지방에서는 날짐승의 먹이로 돌려주는 것을 가장 신성시하고 있다.

즉 살아있는 짐승들에게 육신을 주어 다시 살아있는 기분을 느끼게 한다하여 최상으로 생각하고 있지만 대부분의 인류는 매장 문화에 젖어 있다.

이것은 위생적으로나 외부의 공해 차원에서도 땅 속 깊이 묻어두는 것이 좋다고 보기 때문이다.

불교의 화장 문화는 세상에 살아있는 모든 육신은 자연에서 빌려 쓰고 있는 것이므로 이용을 하다가 생명이 다하는 날 깨끗이 태워서 환원하고 자연으로 돌아간다는 뜻이 있다고 생각한다.

간혹 필자에게 화장을 하면 어떠합니까? 납골당을 하면 어떠합니까? 하고 질문해 오는 경우가 있는데 어느 것이 가장 좋다고 할 수 없다.

장묘 문화는 그 나라 그 민족에게 전해 내려오는 하나

의 전통이요 관례라고 생각하기 때문이다.

필자가 하고 싶은 말은 개개인의 판단에 따라 화장을 하든지 납골당을 하든지 아니면 무덤을 하던 어느 것도 영구적일 수 없다는 것이다.

근래에 와서 납골묘를 하는 문중이나 개인이 점차 확산되고 있는데 만약 납골묘를 할 경우 좋은 명당길지를 골라서 한다면 많은 후손들이 참여하게 될 것이고 살아있는 후손들도 납골묘를 중심으로 화목해 질 수 있고 또 납골묘를 찾을 때 마다 산천의 좋은 氣를 받아가게 된다는 점에서 좋다고 말 할 수 있다. 원래 명당은 氣를 함축하고 있는 땅을 말한다.

납골묘를 만든다면 많은 유골을 모셔야 하므로 좋은 명당 길지를 골라서 해야 한다.

서출동류수(西出東流水)

서출동류수(西出東流水)란 서쪽에 산이 높고 동쪽에 지대가 낮아서 물의 흐름이 서쪽에서 동쪽으로 흐르는 형국을 말한다. 우리나라는 산의 지세가 동쪽에서 서쪽으로 되어 있다. 우리나라 지도를 살펴보면 태백산맥이 동해안으로 뻗어 있고 태백산맥이 중심이 되어서 광주산맥, 차령산맥, 소백산맥 등 대부분에 산이 서쪽으로 뻗어 내리고 있어서 물의 흐름이 동출서류수(東出西流水)가 되고 있다. 주역의 학문에서는 오행이 순행함을 원칙으로 하고 있다.

金은 반드시 水를 생한다는 것인데 4방위에서 서쪽은 金이고 북쪽은 水이고 동쪽은 木이고 남쪽은 火로 보는데 동쪽에서 서쪽으로 흐르는 물은 주역에서 木이 영양분을 섭취하고 흘러 보내는 물이 된다.

그래서 동출서류수를 먹게 되면 인체에는 이익이 없고 서출동류수는 금생수(金生水)로써 순행하는 물이 되어 인체에 유익한 물이 된다.

보통 산골이 깊거나 높은 산에서 나오는 물은 대부분 깨끗하다는 생각으로 약수 물로 생각하는데 정확히 따지고 보면 음양의 조화가 맞지 않아서 좋은 물로 보기에 미흡하다.

이 세상의 모든 식물과 동물 할 것 없이 음양의 조화가 맞지 않으면 좋은 현상이라 볼 수 없는 것이다. 서쪽에서 흘러내리는 물은 음양에서 음(陰)에 해당이 되고 음은 사람으로 비유하면 여자이다. 태양은 양(陽)에 해당되고 양은 남자에 해당이 된다.

물이 서쪽에서 동쪽으로 흐르게 되고 동쪽은 태양 빛을

제일 먼저 받는 곳이므로 태양은 동쪽에서 떠올라 서쪽으로 넘어가게 됨으로써 서쪽은 밝은 태양 빛을 받아서 맑은 광채를 발산하여 음양의 화합을 이루게 되는 것이다.

이것은 남자와 여자가 만나서 음양의 조화를 이루는 이치와 같다. 예부터 큰 인물이 많이 태어난 고장은 서출동류수가 이루어진 곳이 많다.

도선사(道詵寺)의 약수물

[서울시 강북구 우이동 소재. 도선사]

풍수지리의 시조격인 도선 국사가 중국에서 풍수지리를 배워서 우리나라에 들어올 당시 처음 자리를 잡은 곳이 도선사이다.

풍수지리의 유래는 신라 시대에 문헌에서도 그 흔적이 남아 있지만 사실상 학문이 공식적으로 우리나라에 들어온 것은 도선 국사가 처음이다.

풍수지리란 그 명칭만 보더라도 바람(風)과 물(水)을 의미하고 혹은 바람과 물을 잘 다스려야 하는 학문이다.

세찬 바람인 장풍을 막아주고 신선한 공기를 얻음으로서 모든 만물이 성장을 할 수 있고 물도 황천 수는 막아주고 필요로 하는 물을 얻어야 인간과 만물이 생존할 수 있다. 그래서 명당을 찾는 데 물은 필수적인 조건이 된다. 우리 인체에도 물이 70%를 차지할 정도로 꼭 필요로 하는 것이다.

과거 도선국사(道詵國師)가 도선사 터를 잡을 때 제일 먼저 본 것이 바로 물이라는 생각이 된다.

물이란 사람이 먹고 살아야 하기 때문이다. 그런데 사람들은 물이 깨끗하면 무조건 약수로 취급하는 경우가 많다.

그러나 우리 인간도 뿌리가 있듯이 모든 생물에는 도 뿌리가 있기 마련인데 하물며 만물의 영양소인 물이라고 뿌리가 없을 리가 없다.

물도 엄밀히 따져보면 물줄기가 어디서 어떻게 흘러 왔느냐를 보고 물이 좋고 나쁨을 판가름하는 것이다. 물론 물이란 처음부터 지구상에 존재했던 것은 아니다. 약 45억

년 전 지구가 생겼을 무렵 우주의 행성들이 용암처럼 들끓고 소행성들에 수중기가 분출되자 이것이 구름을 만들고 비로 바뀌는 과정을 반복하면서 고체 물질과 액체가 분리 되면서 지구상에 존재하게 된 것이다. 수 억년이 지났지만 아직도 물은 그 당시에 생겼던 물의 양이 한 방울도 줄지도 않고 불어나지도 않는 것이 대자연의 이치이다.

인간과 만물이 섭취했다가 다시 되돌려 놓는 것이기 때문에 수 억년이 지나도 물의 양은 줄지도 불어나지도 않는 것이다. 그러나 지구상 널려 있는 것이 물이라 할지라도 우리 인간이 얼마나 깨끗하게 사용하고 관리를 잘 하느냐에 따라서 오래도록 보존하고 먼 훗날 후손들에게도 맑은 물을 물려줄 수가 있게 될 것이다.

과거 도선 국사가 터를 잡았다는 도선사를 가 보게 되면 물은 자연의 이치와 주역의 학문의 원리에 벗어나지 않는 다는 사실에 놀라지 않을 수가 없었다. 약수란 음양 오행에서 말하듯이 서출동류수(西出東流水)가 되어야 진정한 약수로서 인체에 유익하다.

그 말은 주역에서 서쪽은 金局이요, 동쪽은 木局이라 나무는 물을 섭취하여 동쪽에서 흘러내리는 물은 나무가 영양가를 다 섭취하고 내뱉는 물이 되고 서쪽 산이 높아서 서쪽에서 물이 흘러내리는 것을 금산이라 하여 금(金)은 물(水)을 배설하여 금생수(金生水)로 순행하게 되므로 서쪽 산에서 동쪽으로 흘러내리는 물을 서출동류수라 하여 약수가 되는 것이다. 이 물을 암물이라 하고 동쪽 산에서 서쪽으로 흘러내리는 물은 숫물이라하여 영양소가 없다고 보는 것이다.

가령 서쪽 산에서 동쪽으로 물이 흘러내리게 되면 물은 음양에서는 음(陰)이요, 태양은 양(陽)인데 아침에 동쪽에서 태양이 떠오르게 되니 서산에서 흘러내리는 물과 음양이 교합하게 되므로 만물이 생성한다는 뜻이다.

그래서 지금도 천 여 년을 지나도 도선사에는 인파가 몰리게 되고 봉양을 하게 되는 것이다. 인체에 유익하다는 것을 학문으로 배우지 않았다 하여도 인간이 자연적으로 찾게 되는 것이다. 현대에 와서 풍수지리를 연구하면서 이렇게 한 가지 한 가지를 연구해 보게 되면 과거에 선사들의 학문이 얼마나 깊고 먼 장래를 내다보았는지를 알 수 있다.

가령 풍수적으로나 물의 조건이 어느 한 가지라도 어긋나는 점이 있으면 아무리 큰 사찰이수 년 내에 없어지는 것을 우리는 많이 보아왔다. 앞으로도 이 곳에서 흘러내리는 물을 마시게 되면 보약보다도 유익한 약수가 될 것으로 믿는다.

옥천사(玉泉寺)의 약수물

[경상남도 고성 소재. 옥천사 약수]

경남 고성에 있는 옥천사는 그 역사가 1300여 년이 되었다. 필자가 옥천사를 처음 들렸을 때 느낀 점은 포근하고 좌우로 장엄한 산이 둘러 쌓여 있는 모습에서 참으로 명당이구나 하는 생각이 들었다.

명당이란 아무리 초보자에게도 먼저 느낌이 들기 마련이다. 그런데 놀란 것은 경내에 법당 옆에 자리하고 있는 우물이었다.

물에 역사란 우리 인류가 생존하면서부터 거슬려 올라간다. 물은 액체 상태로 태양계의 행성 중에서 유일하게 우리가 살고 있는 이 지구에만 존재할 뿐 아니라 지구상에 존재하는 모든 생물과 동물의 에너지 자원이기도 하다. 우리 인류는 물이 없었다면 존재하지 못했음은 물론이고 모든 생물이 존재하지 못했을 것이다. 음양오행에서 물은 1번으로 으뜸으로 꼽는다.

그런데 음양론에서 말하기를 물은 서출동류수가 되어야 인체에 해(害)가 없다는 것으로 그 말은 바로 물도 음양이 맞아야 인체에 들어가서 이롭게 작용을 한다는 것이다.

서출동류수란 오행에서 금(金)은 수(水)를 배설한다 하였으니 순행(順行)을 한다는 뜻이다. 서쪽에 산이 높아서 동쪽으로 물이 흘러 내려야 음양이 화합하여 만물에 영양소가 되는 이치이다.

일반적으로 높은 산골짜기에서 깨끗하게 흘러내리면 약수로 취급을 하게 되는데 그렇지가 않다. 약수란 오행의 이치에 따라서 순행이 되었을 때 약수라 하게 되는 것이다.

그래서 물을 구분 할 때에는 암물과 숫물을 구분하게 되고 남쪽에서 북쪽으로 흐르는 물을 역수(逆水)이라고 하게 된다. 아무리 높은 산골짜기에서 흐르는 물이라도 숫물이 된다면 이것은 인체에 들어가서 해를 끼치게 된다.

그래서 우리나라의 장수 마을을 돌아보게 되면 공통점이 물이 좋은 곳에서 생활하는 예로 들 수가 있다.

옥천사를 천 여 년 동안 지켜온 것도 바로 이러한 약수물의 큰 힘이 있었을 것이다. 경내의 명당지로서의 많은 사람들이 약수물을 마시고 건강을 보존하게 되고 약수로서의 소문이 거듭나면서 인체에 이로움을 제공하였을 것으로 생각된다.

사찰의 이름 또한 옥천사(玉泉寺)라 구슬 같은 샘물이라는 이름을 가지게 된 것도 아마도 과거선사들의 지혜가 숨어 있음직하다.

더구나 우리 인간은 하루에 2리터에서 3리터 정도의 물을 섭취하는데 땀과 소변으로 나쁜 물질을 걸러내고 혈액의 순환작용을 거듭하고 있는 과정에서 좋지 못하거나 체질에 맞지 않은 물을 계속 섭취하게 된다면 좋지 않을 것이다.

근래에 여러 학자들이 물에 대한 연구가 계속됨으로서 오각형, 육각형 등의 물에 대한 과학적인 증명을 계속하고 있다.

물은 그 맛이 온도에 따라서 달라진다. 온도가 차가운 물과 미지근한 물과 따뜻한 물과 팔팔 끓는 물은 그 맛과 영양이 확연히 다르게 구분이 된다.

더구나 물은 산소와 수소의 결합된 하나의 액체로서 각 지형마다, 산골마다 천태만상의 물이 존재하고 있다. 그래서 흔한 물이라 할지라도 인체에 산소를 만들어 주고 나쁜 물질을 걸러주는 물이 되어야 인체 내에 생기를 불어넣어주는 것이다.

그러나 정작 풍수지리에서 전국 방방곳곳을 돌아 다녀보아도 음양오행에서 말하는 이론을 겸비한 약수는 드물다. 인간은 누구나 건강 상태가 좋을 때도 있지만 나쁠 때도 있기 마련이다.

이를테면 공기가 좋고 물이 좋은 곳에서 수양하기를 원하고 있지만 정작 어떤 곳의 물이 좋은지에 대해서는 정확하게 아는 이는 드물다.

그리고 과거에도 옥천사에서는 고시 공부를 하는 학생들이 많이 찾아왔다는데 그 곳에서 공부하여 합격을 한 사람이 즐비하다 하니 아마도 1300여 년을 지켜온 좋은 약수 물의 효과를 톡톡히 본 것이 아닌가 하는 생각이 든다.

풍수지리 많은 경험이 필요하다

필자는 현장방문 의뢰를 받고서 산소를 옮겨준 일이 있었다. 현장에 가서 혈토나 산의 지세를 살펴보니 그리 나쁜 장소는 아니었다.

과거에 풍수를 꽤나 잘 본다는 사람이 천하의 명당이라

고 잡아 놓은 자리였다. 하지만 자세히 살펴보니 뒤쪽에서 바람이 들고 있었다. 그래서 이 묘는 옮겨져야 할 운명이었고 그 쪽으로 도로가 나는 곳이라서 이장을 하게 되었다. 나중에 그 산에서 제일 좋은 자리를 잡아 주었다.

뒤쪽에서 바람이 든다고 하였는데 묘를 파보니 시신의 허리 위쪽으로는 유골이 새까맣게 타버려서 거의 형태가 없는 반면 허리 아래쪽은 황골(黃骨)이 되어 원형대로 보존이 되어 있었다.

필자가 잡아준 자리에 이장을 해놓고 보니 천하의 명당 길지에서나 볼 수 있는 혈토(穴土)가 나왔다.

그 이후 지금도 그 집안사람들을 만나게 되면 선산에 묘들이 많은데 필자가 잡아준 자리가 제일 좋다는 말을 여러 번 듣게 되었다.

땅이란 자연의 조화 속에서 어느 누구도 장담하지는 못하는 자연의 진리이고 보면 부단히 노력하고 연구하면서 하나라도 공부하고 경험하는 것만이 명당을 잘 볼 수 있는 지름길인 것이다.

합천 땅은 천하의 명지이다

 풍수지리서인 인자수지(人子須知)나 청오경(靑烏經) 금낭경(錦囊經) 같은 고서에서도 형국론을 많이 강조하고 있다. 형기론은 혈상에 대해서 많이 사용하고 있으나 물형론은 고을이나 지명에 유래로 되어 가는 경우가 많다. 합천의 지세는 사방의 국세에 맞추어져 있으며 발원지 덕유산에서 시작하여 구불구불 흘러온 황강은 곧 대병면을 지나면서 황매산의 뿌리를 감돌게 되어 있다는 점이다.

황매산 또한 금반형으로서 금생수(金生水)하여 서출동류수(西出東流水)가 된다. 물은 서출동류수하여 용주면을 지나 합천읍을 감싸 않으면서 율곡면을 지나고 남하하게 되는데 이는 마치 용이 꿈틀거리며 지나가는 형세로 지릿재가 우뚝 솟아 있어서 북풍을 막아줌으로서 명실 공히 명지의 땅을 이루고 있다.

필자는 풍수지리 연구차 전국 방방곡곡을 답사를 해보았지만 합천만큼이나 짜임새 있고 온화한 어머님의 품속 같은 곳은 그리 흔하지 않다는 것을 알게 되었다.

예부터 물은 서쪽에서 동쪽으로 흘러야만 비로소 순행의 이치이며 동쪽은 목국(木局)이기 때문에 수생목(水生木)하여 다시 남하시킴으로 목생화(木生火)하는 순행의 원리인 것이고 보면 풍수에서 말하는 모든 것을 모두 갖추었다고 할 수 있다.

주역에서 말하는 水는 만물의 영양소이며 씨앗이라고 했듯이 물의 흐름을 타고 예부터 큰 인물이 많이 배출된 곳이 합천이다.

고려말기 태조 이 성계를 왕으로 등극시킨 무학대사라

든지 유림(儒林)의 거목인 조식 남명 선생, 래암 정인홍 선생 같은 분을 예로 들 수 있으며 근대에 와서는 대통령까지 나왔다. 이 외에도 문인이나, 예술인, 정치인, 군인 등 많은 인물이 나왔다.

이 사실은 곧 합천 땅이 명지임을 입증하는 것이다.

임진왜란 당시 나라의 기둥역할을 해낸 충무공 이 순신 장군도 합천 땅에 머무르면서 전대를 가다듬었다고 한다. 이런 일들은 우연의 일치라고 할 수는 없는 것이다. 氣가 충만하고 좋은 땅에서 氣를 받고 맑은 물을 섭취함으로서 귀(貴)한 인물이 많이 배출이 되는 것이다. 처음에는 현대 사회에 걸맞게 개발이 되지 않아서 낙후되어 있는 점을 아쉽게 생각하다가 이후로는 합천의 황강(黃江)이 물이 좋다는 관계로 수자원의 확보라는 명분 아래 합천댐이라는 거대한 호수를 막기 시작했다.

수몰지역 모든 사람들은 조상 대대로 조상의 뼈를 묻고 정들어 살아가던 고향을 등지고 뿔뿔이 흩어져야만 했다. 이로 인하여 앞날의 대대손손이 이어져가야 하는 터전을 내어주고 만 것이다. 많은 농지와 문화유산이 사라지고 만 것이다.

이는 현실적인 문제를 떠나서 눈에 보이지 않은 손실이 대단히 큰 것이다. 풍수지리학적인 입장에서 본다면 서출동류수하는 거대한 물고를 막음으로써 오행의 원리로서 金生水하지 못함으로써 황강의 화려했던 모습을 잃고 강바닥만 드러나게 된 것이다.

마치 황폐한 모습 그대로다. 서출동류수의 수구(水口)가 막힘으로써 묘방(卯方)의 木은 나무가 마른 겪이고 이것은 오행이 (水生木)으로 순행하지 못하는 것이다. 주역의 근본은 木은 인류의 기둥이요, 재목으로 사주에서도 木이 없는 사람은 항상 그 영향을 받거늘, 앞으로 합천 땅에서 거목 같은 인재가 이어질지 의심하지 않을 수 없다.

합천의 동쪽은 목국(木局)인지라 입춘이 지나면 만물은 물을 흡수하여 새싹을 터뜨릴 것이다.

해묘미(亥卯未) 년월(年月)에는 화재를 조심해야 한다. 주역에서는 오행 중 물을 가장 으뜸으로 여기고 있으며 오행에서도 1번을 차지하고 있다.

그래서 물을 만물의 씨앗이요 영양소로 보는 것이다. 자연의 흐름을 막아 현대의 발전을 이룩했다고 하지만 자연을 파괴하는 것은 잃는 것이 더 많다.

수생목(水生木), 목생화(木生火), 화생토(火生土) 토생금(土生金), 금생수(金生水)의 오행의 진리는 서로 상생상극하면서 오랜 세월이 지나면 자연히 치유될 것이며 나름대로의 국세를 이룰 것이므로 새로운 희망이 잠재해 있다.

선농단(先農壇)의 유래

[서울시 동대문구 제기동 소재. 선농단]

선농단(先農壇)은 조선시대 농사로 인연이 깊은 신농씨 (神農氏)와 후직씨(后稷氏)를 주신(主神)으로 모시고 왕이 친림하여 풍년이 들기를 기원하던 제단이었다. 조선조의 태조 때부터 동대문구 제기동에 소재해 있다.

지금의 종암 초등학교 앞 과거 서울 사범 대학의 터전
에 위치하고 있다. 과거 선사들이 터를 봐서 정했던 자리
로 명당으로 뽑히는 자리이다.

지금의 시가지가 농지였을 것이고 농지가 가까운 곳을
선농단으로 정한 것이다. 지금도 이 곳에는 선농단의 유래
와 비석이 보존되어 있다. 물론 과거에는 이곳에서 적전을
마련하여 경칩의 절기가 지나서 첫 번째 해일(亥日)에 제
(祭)를 지내왔다.

첫 번째 해일에 제를 지낸 까닭은 해묘미(亥卯未) 삼합
(三合)이면 목국(木局)이 되기 때문이다. 절기가 경칩이
지나면 땅에는 양기(陽氣)가 감돌게 되어 만물의 초목에
는 물이 위로 올라오기 시작하기 때문에 경칩 후 해일로
잡았을 것이다.

제를 지낸 후 왕이 친히 밭을 갈아 보이며 농사의 중요
성을 만민에게 알리는 의식을 거행했다. 그 의식이 끝난
후 소를 잡아 통째로 고와서 소금과 파로 양념하여 백성
들과 나눠 먹었다.

왕이 출출할 때 쇠고기 국밥을 먹으니 꿀맛과 같아서
신하들에게 이 국밥의 맛이 좋다하여 이름을 붙여 보라고
하자 선농탕이라 하자고 하여 이것이 오늘날 설렁탕으로

발전하였다.

선농단의 지세를 유심히 살펴보면 주산은 북한산에서 시작하여 지금의 아리랑 고개와 미아리 고개를 지나서 고려대학교를 지나서 선농단 자리로 끌고 와 맥이 뭉쳐진 곳인데 과거에는 명당으로 불리울만한 자리다.

그러나 지금은 도시개발로 맥이 잘리고 파헤쳐져서 아쉽다. 지금도 이 곳은 땅이 매우 양명하고 밝은 곳으로 명지임에는 틀림없다.

하지만 천하의 명당도 세월의 흐름에 따라서 지각의 변화와 주변의 환경에 따라서 소멸이 되기도 하고 또 다른 곳이 명당으로 변하기도 하는 것이 자연의 이치이다.

풍수(風水)가 해야 할 일

　　인간은 제아무리 천하무적의 장사라 할지라도 태어나면
서부터 100년 이내로 되돌아 가야할 길이 정해져 있다. 그
래서 인간은 자연에 비해 나그네에 불과하다. 살아서 100
여 년 동안 수명을 보존하기가 힘들고 죽어서도 후손들이

묘소를 100년을 지키기가 어렵다. 하지만 인생이 영원한 것처럼 살고 있는 사람들이 대다수다.

부와 명예와 권력을 얻기 위해서 수단과 방법을 가리지 않는가하면 조상 대대로 내려온 윤리도덕이 무너지기가 일쑤이다.

그래서 과거부터 학문을 쌓고 도통한 사람들은 세상의 이치를 깨우치고 나면 범민들의 행동에 속이 끓어 속세를 떠나 산야에 파묻혀 버렸는지 모른다.

그러나 풍수지리를 연구하고 공부하는 사람이라면 영리와 부에 개의치 말고 흐트러진 풍수지리의 학문을 계승시키는데 매진해야 함이 옳을 것이다.

인간은 자연에서 왔다가 자연으로 되돌아간다는 사실은 누구나 잘 알고 있는 사실이다. 막상 자연으로 돌아가는 길에는 부와 명예나 권력은 아무 소용이 없다.

단 한 가지 알아야 할 것은 순수한 자연에서 왔다가 자연으로 돌아갈 바에는 깨끗하고 때 묻지 않은 氣가 많은 땅으로 돌아가야 한다.

풍수지리의 본래 목적은 자식이 부모를 극진히 모시다가 마지막 가는 부모님의 유해를 지극 정성으로 좋은 길지에 모심으로서 자식 된 도리를 다하는 것이다. 그런데 수 백 년 동안 전해 내려오는 과정에서 풍수지리 학문이 잘못 전해지고 이것이 왜곡되어 흘러가는 것은 필자로서는 매우 안타까운 일이다.

가령 좋은 명당 길지에 부모를 모셨다면 부모가 죽어서도 좋은 산천의 정기와 氣를 받음으로써 영화를 누리는 쪽은 부모일진데 요즘 사람들은 명당 길지에 부모를 모셨으니 부모는 안중에도 없고 자신이 잘 되고 명당에 발복이 올 것이라는 기대를 하는 실정이고 보면 너무나 한심한 일이 아닐 수 없다.

설령 명당에 발복이 있을지라도 그것을 바라는 자손이 되어서는 아니 될 것이다. 부모의 마지막 가는 길에 좋은 길지를 찾으려고 노력하는 사람이 아무도 없다고 생각한다면 과연 이 세상에 윤리 도덕이 남아 있을지 의문이다.

그러므로 후세들에게 풍수지리의 학문을 올바르게 알리고 계승하고 발전을 시켜 나가야 한다. 그래야 풍수지리에 대한 일반인들의 잘못된 의식도 점차 바뀌게 될 것이다.

정성이 있어야 명당 얻는다

　　충남 공주시 우성면 남천리에 비룡상천형(飛龍上天形)
의 전형적인 명당이 있다. 이 산의 주인은 과거 모 은행장
을 지낸 이 모 씨의 산으로 부친께서 치산하겠다고 10만
평을 사 놓았다.

이 속에는 필시 좋은 명당이 있을 것이라는 확신 아래 평생을 모은 돈으로 주변 전체를 다 사들인 예이다. 예나 지금이나 산을 10만평을 사들일 때에는 여간한 노력 없이는 안 되는 일이다.

요즘 같으면 산을 그만큼 사들일 돈이 있으면 호화 생활로 흥청거리지 열심히 모은 돈으로 이렇게 많은 산을 사서 조상을 치산하겠다는 사람은 매우 드물다. 다행히 이 곳은 양명한 산으로서 산이 기복 변화를 잘 주었다.

이 산은 일기일복(一起一伏)하고 있다. 일기일복이란 산이 내려오면서 엎드리고 일어서기를 반복하여 낮은 곳으로 가면서 맥이 끊어지지 않아야 하고 지그재그로 많은 기복 변화를 줌으로써 힘이 용솟음치게 되는 것을 말함이다.

이 곳이야 말로 흠잡을 때 없는 비룡상천형(飛龍上天形)으로 혈판을 비롯해 스님의 밥그릇(바루)처럼 생긴 속기 속발하는 속기혈(速氣穴)로서 대명당을 이루었다.

이 곳은 7년 전에 공사를 할 때 필자가 참관했으므로 근래에 와서 다시 한번 가 볼 기회가 있어 가본 즉 과연 천하의 명당으로 손색이 없었다. 명당은 한 번 보고 두 번 보고 보면 볼수록 새로운 면모를 드러낸다는 명언이 떠오른다.

과거부터 전해 내려오는 말로도 명당을 한자리 얻으려 면 집 한 채를 주어야 얻을 수 있다는 말이 있다. 과거에 집 한 채란 말은 살고 있는 집 한 채를 말함이 아니요 자 신의 전 재산을 뜻하는 말이고 보면 현대 물질문명이 발 전하고 호화 사치와 쾌락에 젖어 있는 이 시대에 명당 혈 (穴) 한 자리를 얻기 위해서 10만평을 사들이는 것은 그리 쉽지가 않다.

인간은 누구나 죽어서 좋은 곳에 묻히고 싶어 할 것이 고 또한 조상을 천하 명당에 모시고자 하는 마음이야 다 간직하고 있겠지만 재산에 대한 미련 없이 많은 재산을 투자하였던 것이다.

국토의 효율성과 인구에 비래를 본다면 과연 누구나 이 러한 명당을 찾자는 뜻은 절대로 아니다.

다만 무슨 일이든 하고자 하는 일에 정성과 노력이 필 요하다는 뜻이고 조상의 은덕과 효에 대한 정신이 삭막해 져 가는 이 때에 본보기가 될 것이다.

이 곳에 산은 유하고 주변의 형국이나 국세를 감안하여 임자혈(壬子穴)로서 굳이 화복론을 하지 않아도 200~300 년은 발복하여 후손들이 대대손손이 부귀영화를 누릴 자 리이다.

물론 여기까지 옮기게 된 데는 많은 애로사항이 있었다.

원래 있던 자리에는 시신을 파내는데 4~5 월인데도 시체가 꽁꽁 얼어서 동태처럼 빳빳해 있었고 밖에다 내어 놓고 2시간 이상이 지나서야 시신이 녹아지더라는 것이다. 그런 부모님에 대한 지극한 정성으로 천하의 명당으로 모셔지게 된 것으로 보아서는 자식들의 효(孝)가 지극 정성 없이는 어렵다는 것이다.

　누구나 지극한 정성과 노력만 있다면 천하의 명당이 아니더라도 최소한 무해무덕한 자리로서 치산을 할 수 있을 것이다.

장례식에 날 잡는 법

[상여(喪輿)를 메고 가는 장례행렬]

오래 전부터 우리나라에는 조상 대대로 장례문화가 전해져 내려오고 있다. 사람이 태어나서 일생을 살다가 마지막 가는 길에 혹시나 누가 되지 않을까하여 자손들은 최선을 다하여 길일을 잡아서 장례식을 치른다.

그러다보니 행해지는 관습도 다양하다. 그러나 각 지방마다의 풍속은 다르기 마련이다. 풍수지리를 연구하는 입장에서 본다면 학문적으로 근거가 없는 의식들이 너무 많고 보니 복잡하다. 요즘 사람들로서는 매우 거추장스럽고 하지 않아도 되는 일들이 한두 가지가 아니다.

과거 조선조 시대부터 학문을 했다는 소위 반풍수들이 난립한 적이 있었다. 일정한 직업이 없던 시절이라 전국 각지를 돌면서 반풍수들이 활동하게 되었고 그러다보니 많은 설화나 많은 의식이 남게 되었는지도 모른다.

대부분은 사람이 죽게 되면 3일장이라 해서 죽은 지 3일째 되는 날에 장례를 치르게 된다. 그러나 정확하게 하려면 풍수로 좋은 날을 봐서 좋은 時를 잡아서 하는 것이 가장 좋다.

과거에는 어떤 곳에서는 밤중에 해야 한다는 등의 낭설이 많았다. 이것은 과거 반풍수들이 직업적인 행세에서 나온 말들일 뿐이지 나쁜 땅에다 아무리 좋은 시간에 장사를 지낸다고 한 들 그 땅이 좋아질 리가 없다.

과거 유림의 거목인 율곡 이이 선생 같은 분도 이웃집에서 우리 집이 오늘 제사 날인데 송아지를 낳는데 제사를 지내면 안 되지요 하고 율곡 이이선생에게 물으니·안 된다고 대답을 했다.

이후 또 동네 사람이 찾아와서 오늘 우리 집에 제사인데 아기를 낳는데 제사를 지내도 괜찮지요 하고 물으니 괜찮다고 대답하였다.

그래서 옆에 있던 부인이 아니 지난번에는 송아지를 낳는데 제사를 지내면 안 된다고 해놓고 이번에는 아기를 낳는데 제사를 지내도 괜찮다고 합니까 하고 물으니 지난번에는 그 사람이 물어올 때 송아지를 낳는데 제사지내면 안 되지요 하고 물었고 이번에 이 사람은 제사를 지내고 싶어서 아기를 낳는데 제사를 지내도 되지요 하고 물었지 않소 하고 대답했다.

본인 마음에 하고 싶은 마음이 없으면 하지 않고 하고 싶은 마음이 있으면 하면 되는 것이지 이 세상에 정해 놓은 법칙이 어디에 있소 하고 대답을 하였다는 것이다.

날을 잡는 방법에 대해서 몇 가지 소개하고자 한다. 장례식의 날을 잡을 때에는 어떤 이는 그 상주의 띠를 가지고 잡는 예도 있고 또는 죽은 망자의 띠를 가지고 잡는 예도 보았다. 그러나 상주도 혼자라면 몰라도 여러 사람이 있게 되면 어느 장단에 춤을 추어야 할 것인지 모를 것이고 망자의 띠를 보는 것도 사람이 태어나면 띠를 가지고 생년월일이 있는데 막상 죽고 나면 저승으로 가는 길에 모두 반납되어 없어지게 되는 것이다. 이것은 유(有)에서 무(無)로 돌아가는 것이다. 그래서 날을 잡는 기준을 장지의 묘자리의 좌향(坐向)을 가지고 삼합으로 맞추어서 길일(吉日)을 잡아야 한다.

※ 묘자리 좌향

壬子좌 - 申子辰 삼합 일에 하는 것이 좋다.

癸丑좌 - 巳酉丑 삼합 일에 하는 것이 좋다.

艮寅좌 - 寅午戌 삼합 일에 하는 것이 좋다.

甲卯좌 - 亥卯未 삼합 일에 하는 것이 좋다.

乙辰좌 - 申子辰 삼합 일에 하는 것이 좋다.

巽巳좌 - 巳酉丑 삼합 일에 하는 것이 좋다.

丙午좌 - 寅午戌 삼합 일에 하는 것이 좋다.

丁未좌 - 亥卯未 삼합 일에 하는 것이 좋다.

坤申좌 - 申子辰 삼합 일에 하는 것이 좋다.

庚酉좌 - 巳酉丑 삼합 일에 하는 것이 좋다.

辛戌좌 - 寅午戌 삼합 일에 하는 것이 좋다.

乾亥좌 - 亥卯未 삼합 일에 하는 것이 좋다.

날을 잡는 방법은 위와 같이 좌향과 삼합이 되는 날을
골라서 하게 되는데 시간을 정해야 한다. 시를 잡는 방법
은 위와 같이 좌(坐)에서 삼합으로 시간을 정해도 된다.
　그러나 꼭 삼합으로 맞추게 되면 시간이 너무나 어정쩡
하여 맞지 않을 수도 있다. 그렇다면 타 시간을 해도 되는
데 다만 그 좌향과 날(日)이 충이 되지 않아야 한다.
　충이란 다음 표와 같다. 예를 들어서 申子辰 삼합에 든
날에는 寅午戌의 시(時)가 충이 되어 맞지 않는다.

※ 충(沖) 표

子午충	丑未충	寅申충
卯酉충	辰戌충	巳亥충

한 명회 묘지 명당설

[충청남도 천안시 수신면 소재. 한 명회 묘지]

조선 전기의 문신인 한명회(韓明澮;1415~1487)는 이 세
상이 내 손 안에 있소이다라는 유명한 말을 남겼으나 주
역에 능통을 했다는 자신도 결국 氣가 있고 밝은 땅 명당

에는 묻히지 못했다.

조선조 초기 수양대군을 도와서 세조를 등극시킨 한명회는 단종을 밀어내는 과정에서 황보인 김종서 등을 귀양보내고 많은 충신들을 제거하고 왕실을 장악하고 끝내 단종을 귀양 보내는 등 많은 어려움 속에 권좌에 올랐지만 겨우 13년 동안 영화를 누렸을 뿐이다.

조선왕조실록에는 한명회가 주역에 밝은 사람이라는 것과 이 세상이 내 손 안에 있소이다. 라고 했던 그의 말과 칠삭동이로 태어났음이 기록되어 있다.

단종은 12세에 왕위에 올랐다가 3년 만에 숙부인 수양대군에게 밀려 영월 청령포에 유배되었고 17세의 일기로 최후를 마쳤다.

단종이 죽자 시신에 손을 대는 사람은 삼족을 멸한다는 대자보가 붙어 아무도 이를 손대지 못하였는데 당시의 영월 포장이었던 엄홍도에 의해서 뜻밖에도 천하 명당에 묻히게 되었다.

500년이 지난 지금도 단종은 천하길지에 잠들어 있는 반면 단종을 밀어내고 권좌에 앉았던 사람들은 거의 사혈에 잠들고 있다. 이것은 이 시대에 살아가는 우리들에게 많은 교훈을 주고 있다.

풍수지리를 연구하는 사람뿐만 아니라 여러 사람들도

대자연에 진리를 알았으면 하는 것이다. 특히 한명회의 묘소는 소문에 의하면 여러 곳에 있어서 어떤 곳이 진짜인지도 모른다고 한다. 죽어서도 마음 놓고 잠들지도 못할 정도였던 것이다.

천안시 수신면 소재에 한명회 묘는 과거에 부와 권력을 누린 흔적이 보였다. 엄청난 큰 돌들을 깍 아서 뜰 주변에 쌓은 흔적이 있고 봉우리도 크게 하고 특히 부인이 위에 있고 본인은 아래쪽에 묻혔다.

그런데 한명회가 주역에 능통하지 못했다는 이유는 과거 주역의 학문을 하게 되면 그 학문 자체가 음양오행과 풍수지리와 사주학을 기본적으로 통달했음에도 당시만 하더라도 세도와 돈이 있고 주역을 통달한 사람이라면 자신의 자리쯤은 좋은 길지에 묻 힐 수도 있었을 것이다. 그러나 그의 자리가 제대로 되어 있지 않다는 점이다.

자연에 역행하지 말고 순행해야 한다는 것을 인류가 대대손손이 내려오면서 경험하고 있는 것이다.

중국 12왕릉 천하명당이다

풍수지리 발상지인 중국에서는 과거에 왕능을 천하 명당에 자리를 정했다는 증거가 여실히 나타나고 있다. 중국은 국가에서 풍수지리 학문을 일반인들에게는 금기시하고 있어서 발전이 더디지만 일반인들도 과거부터 명당을 선

호하고 있다.

중국 북경에 있는 12왕릉은 왕릉의 전방 300여 미터 앞에서 바라보면 산세가 장엄하고 국세가 좋아서 감탄하지 않을 수 없고 마치 삼태기처럼 둘러싸인 보국은 장풍(藏風)을 막아주고 생기가 흘러넘치고 천리 내룡으로 끌고 온 용세는 장엄하여 직룡으로 내려와 결혈(結穴)이 되었다.

입수까지 끌고 온 내룡(來龍)은 많은 변화가 주어져 입수가 또렷하고 선익이 돌면서 당판의 氣를 차단하면서 혈을 맺었고 전순은 교과서와 같이 잘 받쳐 줌으로서 천하의 大 길지를 만들었다.

여기에는 생기가 흐르는데 지상에 조그만 봉분만 만들어 놓았을 뿐이고 50미터 땅속으로 내려가면 그 속에 궁궐을 만들어 놓았다.

아무리 천하 명당일지라도 그 명당에 알맞게 재혈(裁穴)을 하고 토질을 분석하여 깊이와 좌향(坐向)을 바로 놓아 주어야 하는 법이다.

명당에서 감도는 산천초목의 생기를 받음으로써 유골은 황골이 되고 체백이 편안하고 유전적인 발복을 받음으로써 후손들이 편안하고 태평성대를 누린다는 이론이다.

아무리 천하 명당이라도 10미터 20미터나 땅을 파서 아

래쪽에다 분장한다면 생기를 받지 못한다. 이것은 명당과
는 거리가 멀다는 이야기다.

명당이라는 말은 밝고 맑은 氣가 감도는 집이라는 뜻인
데 氣가 감도는 명당자리를 훼손한다면 氣를 받지 못할
것이다.

특히 이 장소에는 지금도 명당을 쓰게 되면 발복을 받
을 것이다. 하지만 50미터 아래쪽에 왕 무덤이 있는데 누
가 감히 묘를 쓸 수 있을 것인가!

특히 왕릉이라 해서 지하에다 궁궐처럼 꾸미려고 이렇
게 좋은 명당을 놀리고 있으니 국가적으로나 개인적으로
도 커다란 손실이 아닐 수 없다. 과거나 현재나 과욕을 부
리게 되어서 좋을 것이 없다는 교훈을 알려 주고 있다.

부 록

풍수지리의 명칭

많은 사람들이 풍수지리를 배워보고 싶다는 생각을 가지고 있는 것이 사실이다. 그러나 막상 풍수지리를 공부하려면 우선 그 명칭에서 가로 막는 경우가 있다. 한문과 풍수 용어가 많은 이유로 이해하기 곤란하기 때문이다.

그러나 요즈음에는 풍수지리 서적도 한글로 해석하여 누구나 읽고 이해하기 쉽도록 쓰고 있다.

과거 중국에서 만들어진 용어가 그대로 이어내려 오는 관계로 다소 어려운 면이 있기는 하나 이제는 해석을 명쾌히 해 놓음으로써 누구나 노력을 한다면 터득을 할 수 있다.

학문이란 어느 분야든지 특정한 용어가 있기 마련이다. 천리 길도 한 걸음부터 가야 하듯이 한꺼번에 많이 알려고 하는 것 보다는 조금씩 익혀 나아간다면 누구나 명당을 잘 보게 되는 날이 올 것이다.

특히 음양과 오행이란 가장 기초적인 학문인만큼 관심을 기울인다면 누구나 쉽게 외울 수가 있다.

풍수지리 용어

- **음택(陰宅)** : 죽은 사람의 묘지이다.
- **양택(陽宅)** : 살아있는 사람의 주택이다.
- **산맥(山脈)** : 산의 흐름과 능선을 말한다.
- **절(節)** : 산의 맥이 흐르다가 멈추고 잘록하게 된 곳이다.
- **용(龍)** : 땅이 들어가고 튀어나오는 것을 말하며 산의 능선의 구비 구비 흘러내리는 모습을 두고 용이라고 한다. 과거에는 산의 흐름이 용이 기어가는 모습과 같다하여 붙여진 이름이기도 하다.
- **혈(穴)** : 용맥이 흘러내려가다가 생기가 모여서 뭉쳐진 곳을 말하며 산이 뭉쳐졌다 해도 생기가 없으면 혈로 보지 않는다.
- **사(砂)** : 혈이 형성되었을 때 혈 주변의 형세를 두고 하는 말인데 주변 환경 등 모든 사물을 두고 칭하는 말이다.
- **입수(入首)** : 혈을 맺기 위해서 머리 부분에 볼록 튀어

나오면서 두둑하고 사람인(人) 내지는 들입(入)자로 만들어진 곳이다.

- **선익(蟬翼)** : 입수에 따라서 혈을 감싸 안은 선을 말한다.

- **혈판(穴坂)** : 양쪽 선익이 감싸 안은 계란형의 명당의 덩어리 위를 두고 하는 말이다.

- **청룡(靑龍)** : 혈의 중심으로 좌측으로 감싸 안은 산맥을 두고 가까이에 있는 청룡을 내청룡, 멀리서 않은 산을 외청룡이라 칭한다.

- **백호(白虎)** : 혈의 중심으로 우측에서 혈을 보호하고 감싸 앉은 모습인데 가까이에 있는 산을 내백호 멀리 있으면 외백호이다.

- **현무(玄武)** : 혈을 만들기 위해서 뒤에서 받쳐주는 산을 말한다.

- **주작(朱雀)** : 안산 내지는 바로 앞에 있는 산을 말한다.

- **명당(明堂)** : 혈 주변에 환경과 지세를 두고 통칭 명당이라 한다. 그러나 명당과 혈의 개념은 확실히 다르다. 혈은 육가원칙에 의해서 오악(五嶽)이 다 맞아 떨어져야 한다.

- **오악(五嶽)** : 입수, 좌선익, 우선익, 혈판, 그리고 혈판을 받쳐주는 전순(氈脣)을 일컬어 오악이라고 한다.

- **대지(垈地)** : 혈 주변 또는 넓은 벌판 시가지를 두고 통칭하는 말이다. 대지를 혈로 착각해서는 안 된다. 혈의 주변 전체를 대지라 부르게 된다.

- **회룡고조(回龍顧祖)** : 산의 지맥이 삥 돌아서 본산과 마주함을 말한다.

- **일기일복(一起一伏)** : 산에 맥이 고개를 숙이다가도 일어서서 장엄한 모습이 보이기도 하는 것이다.

- **박환(剝換)** : 박환이란 수 천 년 내지는 수 억 년 전 화산이 폭발하여 용암으로 다져진 바위 덩어리가 수 천 년의 세월 속에서 비바람과 태양의 빛을 받게 됨으로써 돌이 삭아서 점점 흙이 되어가는 과정을 말한다. 처음에는 뾰족하고 험준한 산도 오랜 세월 속에서 둥글게 다듬어 지기도 하고 떠내려가기도 하여 단단한 바위가 삭아 들면 위에는 흙이지만 속은 비석비토(非石非土)가 되는 과정을 말한다.

- **과협(過峽)** : 과협이란 산의 맥이 뻗어 내려가다가 불쑥 튀어 나오기도 하고 움푹 들어가기도 하는 과정을 말하는데 그 중간에서 기복의 변화가 많이 된다. 산에 맥이 내려가다가 갑자기 중단되어 끊어져서는 안 되고 고개를 숙이기도 하고 일어서기도하여 장엄한 모습을 보이고 옆으로 틀어지기도 하며 많은 변화를 이

룬 모습이어야 한다. 그 일기일복(一起一伏) 하는 과
정이 길게 끌고 나가는 모습이라면 결코 좋지가 못하
다. 짧게 이루어짐으로서 좋게 보는 것이다.

• **보국형성(保局形成)** : 명당을 만들려면 가장 먼저 보국
이 얼마나 잘 되었나를 보게 되는데 보국이란 명당
혈을 감싸고 있는 주변에 산들이 얼마나 격에 알맞게
이루어졌나를 보는 것으로 주산과 좌청룡 우백호 안
산과 조산 외청룡과 외백호 이외에도 전체적으로 국
세가 얼마나 잘 이루어져서 장풍득수가 되느냐를 두
고 하는 말이다.

• **천옥(天獄)** : 천옥이란 둘러싸인 산이 너무 높아서 마
치 병풍을 둘러놓은 것처럼 되고 들어오고 나가는 굴
처(屈處)가 없는 것을 말한다. 이러한 곳은 마치 감옥
소나 다를 바 없다하여 천옥지라 한다.

• **사성(莎城)** : 사성이란 묘지를 만들고 묘지의 봉우리를
감싸게 하여 묘지의 두뇌에서부터 시작하여 양쪽으로
날개처럼 만들어서 바람을 막기 위한 하나의 방편이다.
과거에는 자연적으로 지형이 잘 되었을 경우에는 이
렇게 성곽처럼 돌출이 되어 만들어진 곳이 있었기에
이를 본떠서 유행을 하기 시작했다. 남쪽 지방에서는
보기가 힘들고 경기도 일원에서 하는 경우가 많다.

- **득수(得水)** : 혈의 옆에서 혈을 감싸고 있는 덩어리의 어깨 너머에서 계곡이 생기게 됨으로써 그 곳에서 물이 처음 시작되어 흐르는 발원처를 두고 득수라고 한다. 입수 뒤쪽에 굴처(屈處)에서 시작하여 혈을 감싸고 돌아나가는 것을 말한다.

- **파구(破口)** : 파구란 득수에서 시작하여 물이 흘러나가는 곳을 말하는데 물이 흘러가다가 혈의 앞에서 빠져 나가는 곳을 의미하기도 한다. 득수나 파구를 크게 구분할 필요는 없다. 득수에서 시작하여 혈판을 감싸 안고 돌아나가는 곳까지를 득수 내지는 파구라 부르게 된다. 그러나 득수가 사람의 상체부분이라면 파구는 하체부분이다. 명당 혈을 만들려면 득수 지점이 분명하고 파구가 잘 되어야 혈판에 물이 잘 빠져 나가게 되며 혈판에 물이 들지 않게 되므로 명당을 이룰 수 있게 된다.

- **화표(華表)** : 화표란 물이 빠져 나가는 수구(水口) 사이에 있는 산으로 서로 마주 보고 있어서 물이 그 사이로 빠져 나가게 되는 것인데 마주 보고 대처해 있는 산을 말한다.

- **북진(北辰)** : 북진이란 조산에 속하면서 사격 비봉과 같이 귀봉이 됨으로써 가파르며 문필봉이나 부봉과 같이 귀하게 생긴 산을 말한다.

- **기맥(氣脈)** : 기맥이란 산을 용이라고 부르듯이 용이 산맥인데 산의 맥이 꾸불꾸불하여 마치 용이 기어 내려오듯이 내려오는 것을 말한다. 氣가 없는 곳은 이 세상 어느 곳에도 없다. 다만 많이 있고 적게 있을 뿐이다. 풍수지리에서 말하는 기맥이다 생기다 하는 용어는 잘 구분해서 알아야 한다.

- **생기(生氣)** : 생기란 산에 많은 나무에서 산소를 내뿜게 되고 많은 초목과 맑은 물이 존재하는 곳으로 자연히 오염이 있을 수가 없고 그러한 가운데서 토질이 박환이 되어가는 과정에서 흙 속에서 氣가 발산하게 된다. 그것이 모이는 곳을 일컬어 생기다 氣가 뭉쳤다 하게 되는 것이다.

근래에는 과학적으로 입증할 수 있는 기구들이 많이 있어서 흙이나 땅속에도 에너지가 있다는 것을 알 수 있다. 그래서 황토 속에 있는 물질의 성분이 인체에도 좋고 기타 소나 돼지 심지어는 물고기에도 좋다는 학설이 주장되기도 하듯이 흙이라고 해서 氣가 없는 것은 아니다.

그러나 흙도 퇴적이 되거나 노후가 되면 소멸되고 말듯이 생기란 산에서 좋은 공기와 더불어 만들어 지는 것을 일컬어 생기라하게 되는 것이다.

불가장지(不可葬地)

풍수지리에서 불가장지란 묘를 쓰지 못하는 산이다. 평지무맥은 맥이 없고 氣가 없으니 혈이 맺을 수 없으므로 이러한 산은 금낭경(錦囊經)에서는 불가장지라 했다. 불가장지에는 명당이 생기지 않을 뿐 아니라 근본적으로 매장을 할 수가 없다는 뜻으로 명당이 아니더라도 최소한 무해지지로써 무해무덕한 자리라도 되어야 만이 장사를 지낼 수 있다는 뜻이다.

- **태산낙맥(太山落脈)** : 산이 험악하고 높으며 흉산에 맥이 없어서 혈을 맺지 못한다.
- **첨산(尖山)** : 산이 뾰족하여 氣가 머물지 못하므로 혈을 맺지 못한다.
- **광산(狂山)** : 광산이란 용세가 불균형하여 氣가 없으므로 혈을 맺지 못한다.
- **배산(背山)** : 배산이란 산이 돌아가는 모습으로 응기가 없어서 氣를 모으지 못하므로 혈을 맺지 못한다.
- **심산(深山)** : 심산이란 산이 험하고 골이 깊어서 살풍

(殺風)이 많으므로 혈을 맺지 못한다.

- **음산(陰山)** : 음산이란 산의 주변에 습기가 많고 산이 울창하여 氣가 머물지 못하여 혈을 맺지 못한다.

- **악산(惡山)** : 악산이란 산의 발치가 사납고 변화가 많아서 혈을 맺지 못한다.

- **낙산(落山)** : 낙산이란 태산에서 따로 떨어져 마치 섬처럼 독산이 되어서 氣가 생기지 못하여 혈을 맺지 못한다.

- **독산(獨山)** : 독산이란 산맥이 끊어지고 이어지지 못하였으니 氣가 통하지 못하여 혈을 맺지 못한다.

- **석산(石山)** : 석산에는 흙보다 돌이 많아서 氣는 흙으로 따라서 돌기 때문에 흙이 없으면 氣가 없어서 혈을 맺지 못한다.

- **단산(斷山)** : 단산이란 산맥이 단절된 것을 말하는데 산이 끊어지면 氣가 불통이 되어 혈을 맺지 못한다.

태(胎) 정(正) 순(順) 강(强) 포(包) 장(藏)

풍수지리에서 태정순강포장의 6개 분야로써 구분을 하게 되는데 이것은 혈상(穴相)을 구분하는데 있어서 정밀하게 관찰할 수 있는 조건이 된다. 혈이 되었다 싶어도 이 6개 부분 중에서 어느 한쪽이 부실하다면 혈로 보지 않는다.

- **태(胎)** : 태는 뱃속에 들어 있는 태아와 같고 혈판이 튀어 오르고 둥글고 불룩해야 비로소 氣가 모인 덩어리가 되는 것이다.

- **정(正)** : 정이란 혈이 되었을 때 혈판이 수평을 이루고 어느 한 쪽으로 기울거나 삐뚤어지지 않고 평정해야 한다.

- **순(順)** : 순은 혈이 되었을 때 혈판 주위의 산세가 험악해서는 안 되며 골이 파이거나 험한 것이 보여서는 안 된다.

- **강(强)** : 강은 혈이 되었을 때 혈판의 토질이 무르지 않고 단단해야 하며 토질이 비석비토(非石非土)로 생땅이어야 한다.

- **포(包)** : 포는 혈이 되었을 때 좌우에서 감싸주는 청룡과 백호가 아기를 끌어 앉듯이 안아 주어야 한다.
- **장(藏)** : 장은 혈이 되었을 때 주위의 보국이 잘 되어 멀리서 오는 장풍을 막아 주어야 한다는 것이다. 혈이 되었는지 혈이 되지 않았는지를 판단할 때에는 이 여섯 가지의 조건을 우선적으로 보는 것이다.

사상론(四象論)

　사상론이란 명당 혈(穴)이 맺히는데 4가지 유형으로 압축된 말로써 풍수지리 음택론에서 가장 많이 쓰이는 것이 사상론이다. 명당 혈이 만들어지면 우선 무슨 혈인지를 알아보게 되는 것이다.

　이기론에서는 금반형, 연화부수형, 사두혈, 용천혈 등등 사물에 비교하여 그 유형이 수 십 내지는 수 백 종류가 있는데 명당을 보는 사람의 성격이라든지 명당을 보는 각도에 따라서 이름이 다르다.

　형기론에서는 육가원칙에 의해서 혈이 이루어진다고 보는 이론이다. 입수(入首), 양선익(兩蟬翼) 혈판(穴坂), 전순(氈脣)이 완벽하게 이루어 졌을 때 가능한 것으로 본다.

　사상론이란 음양의 이치로서 와겸유돌(窩鉗乳突)의 4가지 혈을 두고 하는 말이다. 막상 혈이 만들어지게 되면 이 와겸유돌의 4가지의 형식에서 벗어나지 않는 것이다.

　여기서 와겸유돌이란 와혈(窩穴), 겸혈(鉗穴), 유혈(乳穴), 돌혈(突穴)을 두고 하는 말로써 이 사상론은 중국의

양공의 학설로 현재까지는 와혈과 겸혈 유혈과 돌혈의 4
가지에 근거를 두고서 혈을 논하게 된다.

그 밖에도 연소혈(燕巢穴), 괘등혈(卦燈穴) 등이 있기는
하나 이것도 특별한 경우에 이름만 달리 불려질 뿐이지
대부분 와겸유돌(窩鉗乳突)의 사상론 에서 논하게 된다.

형국론(形局論)

    우리나라에 풍수지리가 들어온 지 1300여 년이 지나면서 형국론에는 물형론, 형기론, 이기론으로 나눌 수 있으나 크게 보면 혈이란 사상론에서 말하는 와겸유돌에서 벗어나지 않는다. 형국론은 주변의 물체나 산의 형태에 따라서 형상적으로 붙여진 이름이다.

    혈을 논할 때에는 형국이 중요한 것이 아니라 무엇보다도 사상론에서 말하는 입수, 양(兩) 선익, 혈판, 전순의 오악(五嶽)이 모두 갖추어져야 혈이 된다고 보는 것이다. 오악이란 위 다섯 가지의 조건을 말함이다.

    가령 혈이 이루어 지지 않은 상태에서 아무리 좋은 형국론의 이름을 붙여 본 들 아무런 소용이 없는 것이다. 그러나 풍수지리를 연구하는 사람이라면 형국론의 용어를 알아 둘 필요가 있다고 생각 되므로 다음과 같이 서술하였다.

형국(形局)의 유형

※ 인형(人形)의 형국

옥녀탄금형(玉女彈琴形), 옥녀산발형(玉女散髮形)

옥녀직금형(玉女織錦形), 선인독서형(仙人讀書形)

장군대좌형(將軍大坐形), 선인대좌형(仙人對坐形)

선인무수형(仙人舞袖形), 선인장좌형(仙人丈坐形)

※ 물형(物形)의 형국

금반형(金盤形), 목단형(牧丹形)

괘등형(掛燈形), 횡적형(橫笛形)

목단형(木丹形), 행주형(行舟形)

연화부수형(蓮花浮水形)

매화낙지형(梅花落地形)

※ 금형(金形)의 형국

구미형(鳩尾形), 상봉형(翔鳳形)

연소형(燕巢形), 복치형(伏雉形)

비봉형(飛鳳形), 학슬형(鶴膝形)

금계포란형(金鷄抱卵形)

봉소포란형(鳳巢抱卵形)

※ 용사형(龍蛇形)의 형국

횡룡형(橫龍形), 사형(蛇形)

사자형(獅子形), 와룡형(臥龍形)

갈마음수형(渴馬飮水形), 회룡고조형(回龍顧祖形)

비룡상천형(飛龍上天形), 구룡쟁주형(九龍爭珠形)

이와 같은 용어는 과거 사대부가에서 학문을 많이 한 사람들이 한문을 풀어서 산의 지세나 형태를 가지고 나름대로 용어로써 이용하였다. 풍수지리를 공부하려면 이러한 용어는 알아두는 것이 좋다.

풍수지리란 그 목적이 명당을 찾는 학문으로 땅이 얼마나 양명하고 좋은 氣가 머물고 있는 지에 대해서 연구를 하는 것이 가장 중요한 일이다.

윤제(胤齊) 노영준(盧永埈)

사단법인 한국자연지리협회 이사장
사단법인 한국자연지리협회 풍수지리 역학 강좌
한국교육학술정보원 풍수지리학과 선정 평가위원 역임
30년 이상 풍수지리 역학 연구
일본 니가타 대학 및 문화원 풍수지리 초청강좌
한국일보 강사 10년 이상
EBS 교육방송 연재
국립현대미술관 작품소장 작가 및 초대작가
KBS, SBS TV [복권명당] [박사마을] [맞선명당]
[봉하마을] [행운을 부르는 명당자리] [연리지소나무] 등
풍수지리 관련프로그램 다수 출연

저 서

· 역학의 비결 초급, 중급, 고급
· 사주 비결록 초급, 중급, 고급
· 명당의 기운 초급, 중급, 고급
· 명당의 비결 초급
· 양택의 비결 초급
· 양택풍수 실전인테리어 초급
· 양택풍수 주택인테리어 중급
· 양택풍수 고급인테리어 고급
· 주택명당(현장감정예)
· 역학사전

사단법인 한국자연지리협회

WWW.PS21C.COM
Tel : 929-1188, 3291-1188

명당은 있다

2006년 2월 5일 인 쇄
2006년 2월 10일 발 행

著 者　사단법인 한국자연지리협회
　　　　회장 盧 永 埈

發行人　秦 誠 遠

發行處　경덕출판사
서울시 성북구 정릉3동 653-40
등록 : 2003. 9. 23. 제6-517호
전화 : 912-0856, 917-6240
FAX : 912-4438
jin@baek-san.com

값 20,000원
ISBN 89-91197-17-5